MÚSICA DE CÂMARA PARA CLARINETA
REPERTÓRIO, ASPECTOS DE PERFORMANCE E PEDAGOGIA

Editora Appris Ltda.
1.ª Edição - Copyright© 2025 dos autores
Direitos de Edição Reservados à Editora Appris Ltda.

Nenhuma parte desta obra poderá ser utilizada indevidamente, sem estar de acordo com a Lei nº 9.610/98. Se incorreções forem encontradas, serão de exclusiva responsabilidade de seus organizadores. Foi realizado o Depósito Legal na Fundação Biblioteca Nacional, de acordo com as Leis nos 10.994, de 14/12/2004, e 12.192, de 14/01/2010.

Catalogação na Fonte
Elaborado por: Josefina A. S. Guedes
Bibliotecária CRB 9/870

M149m
2025
	Machado, Johnson Joanesburg Anchieta
	    Música de câmara para clarineta: repertório, aspectos de performance e pedagogia / Johnson Joanesburg Anchieta Machado, Francisco Vanderlei Alves dos Santos. – 1. ed. – Curitiba: Appris, 2025.
	    90 p. ; 21 cm. – (Geral).
	
	Inclui referências.
	ISBN 978-65-250-7559-4
	
	    1. Música – Performance (Arte). 2. Música para clarineta. 3. Música – análise e apreciação. 4. Música – Instrução e estudo. I. Santos Francisco Vanderlei Alves dos. II. Título. III. Série.
	                                                          CDD – 780.7

Livro de acordo com a normalização técnica da ABNT

Appris *editora*

Editora e Livraria Appris Ltda.
Av. Manoel Ribas, 2265 – Mercês
Curitiba/PR – CEP: 80810-002
Tel. (41) 3156 - 4731
www.editoraappris.com.br

Printed in Brazil
Impresso no Brasil

JOHNSON JOANESBURG ANCHIETA MACHADO
FRANCISCO VANDERLEI ALVES DOS SANTOS

MÚSICA DE CÂMARA PARA CLARINETA

REPERTÓRIO, ASPECTOS DE PERFORMANCE E PEDAGOGIA

Appris
editora

CURITIBA, PR
2025

PREFÁCIO

O livro *Música de câmara para clarineta: repertório, aspectos de performance e pedagogia*, de Johnson Machado e Vanderlei Alves, apresenta um estudo detalhado de três peças relevantes do repertório para clarineta. Em ordem cronológica, a primeira é a *Sonata para Clarineta e Piano*, Op. 120 n.º 2 em Mi bemol maior, de Johannes Brahms (1833-1897); a segunda é o *Trio para Clarineta, Violino e Piano*, de Aram Khachaturian (1903-1978); e a última, a *Sequenza IXa para Clarineta Solo*, de Luciano Berio (1925-2003).

Peças para clarineta solo ou com piano são bem mais comuns do que os trios para clarineta, violino e piano. Contudo, o repertório para essa formação de trio aumentou significativamente no mundo durante o século XX, principalmente por encomendas. No Brasil, vale a pena destacar o Trio para clarineta, violino e piano (1998), do compositor teuto-brasileiro Ernst Mahle, assim como seu Trio para violino, clarineta (ou viola) e piano, de 1971, e sua peça Prelúdio e Fuga para flauta (ou clarineta), violino (ou oboé) e piano, de 1956.

O tempo decorrido entre a Sonata de Brahms, escrita em 1894, e a Sequenza de Berio, composta em 1980, é de 86 anos. Nesse curto espaço de tempo, considerando os períodos anteriores da história, a música de concerto passou por muitos movimentos criativos. Enquanto a Sonata foi escrita no ocaso do Romantismo e do tonalismo, a Sequenza integrava um momento que combinava diversos caminhos pós-tonais do século XX. O Trio de Khachaturian foi escrito entre essas duas peças, em 1932. Ele reflete o movimento composicional de inclusão da música de tradição oral na música de concerto, que ocorreu nas primeiras décadas do século XX em muitos países, como se observa na Hungria, com Bela Bartók (1881-1945), e no Brasil, com Villa-Lobos (1887-1959).

A Viena do fim do século XIX, em que Brahms escreveu a Sonata, era um centro cultural e político muito efervescente da Europa. A cidade abrigara uma importante parcela da vanguarda musical por pelo menos dois séculos no continente. O tempo e o lugar foram propícios para o compositor, já ancião, encantar-se pela clarineta e dedicar-lhe algumas de suas peças de primor camerístico que se imortalizaram na cultura musical internacional.

O período em que Berio compôs a Sequenza para clarineta também foi marcado por uma ebulição artística favorável para sua arte. O ano de 1980, na Itália, localiza-se entre duas décadas de uma sociedade em evolução social, que se modernizou e protagonizou uma rica produção cultural, principalmente no cinema, na TV e na moda. Esse período reverberou os avanços da década de 1960, como as novas sonoridades dos instrumentos de madeira, que foram concebidas pelas experimentações do italiano Bruno Bartolozzi. Assim, a busca por inovação na música de concerto era inerente ao período em que Berio escreveu a Sequenza IXa. O desafio era incluir as novas sonoridades, como os multifônicos, como elementos constitutivos das estéticas vigentes, o que Berio fez com maestria.

Já a Armênia de 1932, ano da composição do Trio de Khachaturian, vinha de um duro período de convulsões sociais e políticas, de guerras e do dito genocídio armênio. Desde 1920, integrava a República Socialista Federativa Soviética Transcaucasiana. Uma das marcas desse genocídio foi a limpeza étnica do povo armênio, com a tentativa de apagamento de sua identidade cultural. Khachaturian foi um compositor armênio-soviético que nasceu em 1903, em Tbilisi, e mudou-se para Moscou, em 1921, como cidadão soviético. Ele foi um sobrevivente desse tempo. A decisão de incluir a música tradicional de seu povo em sua obra não deve ter sido motivada apenas por questões composicionais. Ela tinha e tem o valor simbólico que contrapõe o horror vivido pelo povo armênio com a beleza e a força de sua música tradicional.

De um lado, são poucos os estudos que se dedicam às questões do repertório de música de câmara para clarineta. De outro, é conhecimento comum afirmar a importância da música de câmara na formação do instrumentista. Aprender a tocar um instrumento por meio de duetos para instrumentos homogêneos está na base dos métodos do século XVIII e da primeira metade do XIX. É a partir dessa prática que se prepara para tocar em conjuntos de câmara maiores. Assim, a música de câmara é essencial para a formação do clarinetista profissional. Consequentemente, livros que apresentem o repertório de música de câmara com uma abordagem minuciosa dos aspectos de performance e pedagógicos, como o do clarinetista Johnson Machado, são fundamentais para o avanço do ensino e da formação de clarinetistas profissionais no Brasil.

Salvador, 25 de novembro de 2024

Joel Barbosa
Professor Titular da Escola de Música da UFBA

APRESENTAÇÃO

Ao longo de anos de experiências ensinando e tocando a clarineta, percebemos a necessidade de escrever algo no nicho da performance musical do instrumento, com o objetivo de contribuir e, ao mesmo tempo, facilitar a compreensão dos ensinamentos musicais, de modo a ampliar o conhecimento pedagógico-instrumental.

O presente trabalho aborda obras específicas da literatura da clarineta que fazem parte do repertório entre instrumentistas por todo o mundo. Tais músicas foram escritas por grandes compositores: um Trio, uma peça Solo e um Duo. Para cada uma das obras escolhidas, centramos esforços para uma boa compreensão e, consequentemente, suas interpretações à luz dos estilos destes compositores. Nesse contexto, as obras que serão trabalhadas são de três artistas de países e estilos distintos — Aram Khachaturian, Luciano Berio e Johannes Brahms — e são facetas da multiplicidade musical com as quais nós, intérpretes, lidamos cotidianamente.

Nesse sentido, tais peças musicais serão apresentadas com o objetivo de oferecer possíveis respostas que venham facilitar a preparação e a execução musical na clarineta em qualquer contexto. Evidentemente, na música, torna-se quase infindável esse trabalho de dissecar uma obra em busca de sua realização performática. Não obstante, acreditamos que são princípios e fundamentos que podem não só esclarecer, mas também fomentar novos questionamentos a fim de que o músico-leitor se deleite nesse mar de sons musicais que se chama interpretação.

Como disse Aristóteles: "a música é celeste, de natureza divina e de tal beleza que encanta a alma e a eleva acima da sua condição". E foi pensando nessa beleza e, por que não dizer, nessa magia, que decidimos realizar este trabalho escrito, cuja finalidade é promover a boa música, assim como divulgá-la, e seus fundamentos, entre os pares. Para tal, algumas evidências histórico-musicais foram elencadas, e postas as premissas, objetivando, sempre, a base para uma bela e eficaz execução.

SUMÁRIO

INTRODUÇÃO

A seleção do programa é uma etapa crucial e valiosa na preparação do recital. Por isso, é necessário levar em conta aspectos importantes, como a duração do programa, os estilos musicais, os compositores e os arranjos, a fim de garantir um recital agradável, no qual o intérprete também possa desenvolver e apresentar satisfatoriamente sua performance musical. Um recital cuidadosamente selecionado, bem-preparado e executado com maestria pode ser uma experiência aprazível tanto para o músico quanto para a plateia, muitas vezes deixando uma marca significativa para ambos.

O programa aqui apresentado inclui uma variedade de estilos musicais escritos, como música de câmara para clarineta, usada como solista ou como membro do grupo. O programa apresentará algumas das qualidades e o potencial de execução do instrumento e exigirá que o intérprete demonstre técnica apurada e conhecimento musical. Espera-se que o intérprete toque com precisão e demonstre habilidades interpretativas para uma ampla gama de peças. Isso é necessário para um bom desempenho geral. A variedade de cores e texturas das peças enriquecem substancialmente o recital.

As músicas dos três compositores — Aram Khachaturian, Luciano Berio e Johannes Brahms — foram escolhidas porque cada um se destacou e contribuiu significativamente para o repertório da clarineta. A maneira de escrever, vista nessas obras ímpares, denota esforços especiais para atingir um estilo composicional maduro.

O *Trio para Clarineta, Violino e Piano*, de Aram Khachaturian, escrito em 1932, será a primeira peça do programa. Tem três movimentos: *I. Andante con dolore, con molte espressione; II. Allegro; e III. Moderato*, e é caracterizado por seus recursos impressionistas e colorísticos do orientalismo russo. Desde os primeiros compassos do movimento de abertura, muito da emoção da música emerge naturalmente, o que mantém os ouvintes envolvidos devido às maravilhosas melodias. Há uma fusão única entre os três instrumentos; a intensidade musical e seus sons resultantes tornam-se atraentes para os ouvintes. Tal intensidade e sons coloridos continuam ao longo de toda a peça. Sem dúvida é uma obra-prima.

Na sequência, será apresentada uma das obras de Luciano Berio, *Sequenza IXa*, conhecida peça para clarineta solo. Escrita em 1980, essa música explorou novas formas de virtuosidade na música do século XX para clarineta e envolve novos procedimentos e ideias que ainda estão sendo desenvolvidas. Como o título sugere, *Sequenza* significa sequência, tem uma estrutura sequencial caracterizada pelo uso de letras do alfabeto ao longo da peça. Cada passagem, marcada por uma letra específica, carrega seu próprio caráter. É um trabalho desafiador e surpreendente.

O amor tardio de Brahms pela clarineta foi muito profundo. Ferdinand Schumann nos conta que Brahms considerava o timbre da clarineta mais adequado ao piano do que aos instrumentos de cordas, cuja qualidade de tom é de uma ordem bem diferente, e defendia um uso muito mais amplo do instrumento como solista e na música de câmara do que havia sido feito anteriormente[1].

A *Sonata nº 2*, de Brahms, em Eb Maior, para Duo de Clarineta e Piano, Opus 120, é a última peça da nossa exposição. É uma obra-prima escrita no gênero sonata. Embora o programa contenha apenas três peças, é bem equilibrado e interessante, com diversidade estilística, humores variados e melodias encantadoras. O resultado é uma performance e audição agradáveis e revela um pouco da diversidade do repertório da clarineta.

---

[1] NIEMANN, Walter. *Brahms*. Tradução de Catherine Alison Philips. New York: Tudor Publishing Company, 1933. p. 263.

CAPÍTULO 1

ASPECTOS HISTÓRICOS

ORIGENS

A clarineta, um dos instrumentos mais versáteis da família dos sopros, possui uma rica história que remonta ao século XVIII. Suas origens podem ser rastreadas até o início do período barroco, quando instrumentos, como o *chalumeau*, eram populares. A transição do *chalumeau* para a clarineta moderna foi marcada pela adição de chaves, que expandiram sua gama e facilitaram a execução de passagens mais complexas.

Em 1700, o inventor alemão Johann Christoph Denner fez melhorias significativas no design do *chalumeau*, criando a clarineta como a conhecemos hoje. Com seu corpo mais longo e um bocal projetado, Denner estabeleceu as bases para a evolução do instrumento, que logo conquistaria o cenário musical europeu.

Durante o período clássico, compositores, como Mozart, começaram a explorar as possibilidades expressivas da clarineta em suas obras. A inclusão da clarineta em peças, como o *Concerto para Clarineta* (K. 622), demonstrou sua adaptabilidade e beleza sonora, solidificando seu lugar na orquestra. Esse concerto, escrito para o clarinetista Anton Stadler, não apenas destaca as virtudes do instrumento, mas também ilustra a crescente popularidade da clarineta na música de câmara.

No século XIX, a clarineta passou por inovações tecnológicas, especialmente com a introdução do sistema de chaves de Boehm, que facilitou ainda mais a execução. Compositores românticos, como Brahms e Weber, incorporaram a clarineta em suas obras, utilizando seu timbre rico para expressar uma ampla gama de emoções. A sonoridade da clarineta tornava-se cada vez mais valorizada, refletindo o desejo dos compositores de explorar a intimidade e a profundidade emocional em suas composições.

O século XX trouxe novas abordagens para a clarineta, especialmente no contexto da música contemporânea. Compositores, como Luciano Berio e Olivier Messiaen, experimentaram técnicas estendidas, ampliando as possibilidades sonoras do instrumento. A clarineta tornou-se um símbolo de inovação, abrindo caminho para novas expressões e estilos dentro da música de câmara e da performance solo.

Hoje, a clarineta continua a evoluir, sendo amplamente utilizada em diversos gêneros musicais, desde o jazz até a música clássica contemporânea. Seu papel na música de câmara é igualmente significativo, e sua capacidade de dialogar com outros instrumentos torna-a um elemento essencial nas formações mais variadas.

Em resumo, a história da clarineta é uma narrativa de constante evolução e adaptação. Desde suas origens humildes até sua consagração como um dos principais instrumentos da música ocidental, ela reflete a rica tapeçaria da história musical, convidando músicos e ouvintes a explorar sua beleza e complexidade ao longo dos séculos.

A EVOLUÇÃO DO REPERTÓRIO DA CLARINETA: A RELAÇÃO ENTRE INTÉRPRETES E COMPOSITORES

O repertório para clarineta evoluiu significativamente ao longo do tempo, refletindo as mudanças nas técnicas de composição, preferências estilísticas e avanços na execução do instrumento.

A clarineta, desde suas origens, tem sido moldada por uma rica interação entre intérpretes e compositores, que, juntos, contribuíram para o desenvolvimento de seu repertório ao longo dos séculos. A história do instrumento é marcada por inovações técnicas e expressivas que se refletem diretamente nas obras escritas para ele.

SÉCULO XVIII: OS PRIMEIROS PASSOS

A clarineta surgiu em um contexto musical em transformação. Evoluindo do *chalumeau*, o instrumento foi aprimorado por Johann Christoph Denner, em torno de 1700, com a adição de chaves que ampliaram seu alcance e versatilidade. Esse período inicial viu a clarineta ser utilizada principalmente em música de câmara e orquestral.

Os compositores da época, como Mozart, ao reconhecerem as qualidades expressivas da clarineta, começaram a escrever obras que destacavam o instrumento. A colaboração com intérpretes virtuosos foi fundamental para esse desenvolvimento. Anton Stadler, um clarinetista proeminente da época, foi essencial na popularização do instrumento. Sua técnica refinada e musicalidade cativante inspiraram Mozart a compor o famoso *Concerto para Clarineta* (K. 622), que se tornaria um dos pilares do repertório.

SÉCULO XIX: O ROMANTISMO E A EXPANSÃO DO REPERTÓRIO

Com a introdução do sistema de chaves de Boehm, a clarineta passou por uma evolução técnica significativa, permitindo maior facilidade na execução de passagens complexas. Compositores românticos, como Johannes Brahms e Carl Maria von Weber, começaram a escrever obras que exploravam a rica paleta sonora do instrumento. Weber, com seu *Concerto para Clarineta* e a *Duo Concertante*, destacou as possibilidades expressivas da clarineta, enquanto Brahms, em sua *Sonata nº 2 em Eb maior*, ofereceu um diálogo íntimo entre a clarineta e o piano, refletindo a busca romântica por expressividade.

O século XIX foi um período de significativa evolução e expansão do repertório da clarineta, especialmente no contexto da música de câmara. Essa época foi marcada por um crescente interesse em obras que a destacavam como um instrumento solo, além de seu papel em formações de música de câmara. Vários fatores contribuíram para essa transformação, incluindo inovações tecnológicas, o romantismo musical e a influência de virtuosos clarinetistas.

INOVAÇÕES TÉCNICAS E COMPOSIÇÕES

A introdução do sistema de chaves de Boehm revolucionou a maneira como a clarineta era tocada, na medida em que permitiu uma maior facilidade de execução e uma gama mais ampla de notas, tornando-a mais acessível a compositores e intérpretes. Com isso, os compositores começaram a explorar as capacidades expressivas do instrumento em um repertório cada vez mais diversificado.

Carl Maria von Weber, um dos principais defensores do repertório para clarineta, compôs obras fundamentais, como o *Concerto para Clarineta em Fá menor* e a *Duo Concertante*. Essas peças não só destacam as habilidades técnicas da clarineta, mas também enfatizam seu potencial expressivo, utilizando melodias líricas e diálogos intrincados com outros instrumentos, como o piano. O *Duo Concertante*, em particular, foi uma das primeiras obras a destacar a clarineta em um contexto de câmara, solidificando seu status como um instrumento versátil em formações menores.

O ROMANTISMO E A INTIMIDADE DA MÚSICA DE CÂMARA

O movimento romântico trouxe uma nova sensibilidade à música, enfatizando a expressão emocional e a individualidade. Compositores, como Johannes Brahms e Camille Saint-Saëns, começaram a incorporar a clarineta em suas obras de câmara, reconhecendo seu timbre rico e expressivo. *A Sonata nº 2 em Eb maior*, de Brahms, escrita em 1894, exemplifica essa tendência ao apresentar um diálogo íntimo entre a clarineta e o piano, permitindo que o intérprete explore uma ampla gama de emoções, desde a melancolia até a alegria exuberante.

Além de Brahms, outros compositores, como Franz Doppler e Paul Hindemith, contribuíram para o repertório da música de câmara com obras que integravam a clarineta em formações diversas. Doppler, em suas *Sonatas para Clarineta e Piano*, trouxe elementos do nacionalismo musical, enquanto Hindemith explorou novas sonoridades e técnicas, incorporando a clarineta em seus *ensembles* modernos.

O PAPEL DOS VIRTUOSOS

A figura do virtuoso clarinetista, como Heinrich Baermann, também teve um impacto significativo na expansão do repertório. Baermann, conhecido por suas habilidades excepcionais, não apenas interpretou as obras existentes, como também incentivou compositores a escrever especificamente para ele. Sua colaboração com Weber e outros compositores da época resultou em peças que não só desafiavam as habilidades técnicas, mas também ampliavam as possibilidades expressivas da clarineta.

MÚSICA DE CÂMARA E FORMAÇÃO DE CONJUNTOS

O século XIX também viu o surgimento de grupos de música de câmara que incluíam a clarineta. O quinteto de sopros, que geralmente incluía flauta, oboé, clarineta, fagote e trompa, tornou-se uma formação popular, permitindo uma exploração mais rica das texturas sonoras. Obras como o *Quinteto para Clarineta e Cordas*, de Mozart, mesmo anterior ao século XIX, continuaram a influenciar o repertório e foram frequentemente executadas por conjuntos românticos.

A interação entre clarinetistas e outros músicos em contextos de música de câmara permitiu que a clarineta se destacasse não apenas como solista, mas também como parte de um *ensemble*. O diálogo musical que se estabeleceu entre os instrumentos contribuiu para a criação de obras que exploravam novas sonoridades e formas de interação.

O século XIX foi, portanto, um período de rica evolução para o repertório da clarineta, com um foco crescente em sua utilização na música de câmara. As inovações técnicas, a sensibilidade romântica e o papel dos virtuosos clarinetistas foram fundamentais para essa transformação. À medida que os compositores começaram a reconhecer as potencialidades expressivas do instrumento, o repertório expandiu-se, oferecendo aos intérpretes e ao público uma vasta gama de experiências musicais que continuam a ressoar até os dias de hoje. A clarineta não apenas conquistou seu lugar na música clássica, mas também se tornou uma voz essencial nas formações de câmara, refletindo a riqueza e a diversidade da música do século XIX.

SÉCULO XX: INOVAÇÃO E EXPERIMENTAÇÃO

O século XX trouxe uma nova onda de inovação, com a clarineta tornando-se um veículo de experimentação musical. Compositores, como Igor Stravinsky e Olivier Messiaen, começaram a explorar as possibilidades sonoras do instrumento de maneiras inéditas. Stravinsky, em obras como *Concerto para Clarineta*, incorporou elementos de jazz e folclore, desafiando as convenções estabelecidas.

A obra *Sequenza IX*, de Luciano Berio, composta em 1976, representou um ponto de virada. Berio utilizou técnicas estendidas, como *multiphonics* e percussões corporais, ampliando os limites da clarineta e desafiando o intérprete a explorar novas sonoridades. Essa peça, assim como outras composições contemporâneas, destaca a importância da colaboração entre intérpretes e compositores. Muitos clarinetistas, como Richard Stoltzman e Jörg Widmann, não só interpretam, como também encomendam novas obras, ampliando constantemente o repertório.

A INTERAÇÃO CONTEMPORÂNEA

Hoje, o repertório da clarineta é diversificado, abrangendo música clássica, contemporânea, jazz e até mesmo fusões de estilos. Essa diversidade é resultado da constante interação entre intérpretes e compositores. Contemporâneos, como Kaija Saariaho e Andrew Norman, têm escrito especificamente para a clarineta, explorando suas nuances e texturas em novas direções.

A prática atual de intérpretes também reflete essa dinâmica. Clarinetistas se especializam em repertórios clássicos e se aventuram em projetos interdisciplinares que combinam música com outras formas de arte, como dança e teatro. Isso cria novas oportunidades para o instrumento, levando-o a espaços e contextos inesperados.

A evolução do repertório da clarineta é, portanto, uma narrativa rica que envolve a colaboração entre intérpretes e compositores ao longo da história. Essa interação tem sido fundamental para moldar a identidade do instrumento, ampliando suas possibilidades expressivas e garantindo seu lugar em uma ampla variedade de gêneros musicais. Olhando para o futuro, é evidente que a clarineta continuará a se reinventar, impulsionada por essa sinergia criativa que a caracteriza desde suas origens.

CAPÍTULO 2

A CLARINETA NO REPERTÓRIO DOS TRÊS COMPOSITORES: KHACHATURIAN, BERIO E BRAHMS

A EXPLORAÇÃO DA CLARINETA NA OBRA DE ARAM KHACHATURIAN

Aram Khachaturian, um dos compositores mais proeminentes do século XX, fez contribuições significativas para a música clássica, sobretudo no que diz respeito à utilização da clarineta. Sua abordagem destaca a capacidade do instrumento de transmitir emoção e nuance, integrando elementos folclóricos e melódicos que refletem suas raízes armênias. Neste capítulo, abordaremos como Khachaturian explorou a clarineta em suas composições, focando obras-chave e suas características.

TRIO PARA CLARINETA, VIOLINO E PIANO

Uma das obras mais notáveis de Khachaturian para clarineta é o *Trio para Clarineta, Violino e Piano*, composta em 1932, que exemplifica a habilidade do compositor em criar diálogos intrincados entre os instrumentos, com a clarineta frequentemente assumindo o papel de protagonista.

ESTRUTURA E TEMÁTICA

O trio é estruturado em três movimentos, cada um oferecendo uma variedade de texturas e emoções. No primeiro movimento, a clarineta é apresentada com uma melodia lírica que evoca uma sensação de nostalgia, característica do estilo romântico. A interação entre com o violino é particularmente destacada, com diálogos que alternam entre momentos de intimidade e explosões emocionais.

No segundo movimento, a clarineta brilha em um solo expressivo, utilizando escalas e motivos melódicos que refletem a música folclórica armênia. Khachaturian aproveita a riqueza tonal do instrumento, permitindo explore uma gama de dinâmicas, desde os sussurros mais sutis até os clímaces exuberantes.

O terceiro movimento apresenta um caráter mais rítmico e vibrante em que a clarineta participa de uma dança envolvente, cheia de energia. A fusão de ritmos folclóricos com a forma clássica resulta em uma obra que é ao mesmo tempo acessível e complexa, celebrando a cultura armênia.

CONCERTO PARA CLARINETA E ORQUESTRA

Embora não seja tão amplamente conhecido quanto outras obras, o *Concerto para Clarineta e Orquestra*, composto em 1940, é uma peça fundamental que destaca o virtuosismo da clarineta. Nessa obra, Khachaturian combina a técnica elaborada com uma expressividade lírica.

Características da obra

O concerto é estruturado em três movimentos em que a clarineta se destaca como solista. O primeiro inicia-se com um tema marcante que estabelece o tom dramático da peça. A clarineta apresenta uma melodia que se desdobra em complexidade, alternando entre passagens rápidas e líricas, demonstrando as habilidades técnicas do intérprete.

No segundo movimento, uma das seções mais delicadas, a clarineta é acompanhada por cordas e madeira, criando um ambiente sonoro etéreo. A escrita melódica reflete a influência da música armênia, com a clarineta explorando nuances que evocam um profundo sentimento de saudade.

O terceiro movimento é uma explosão de energia em que a clarineta interage com a orquestra de maneira vibrante e dinâmica. Khachaturian utiliza ritmos irregulares e complexos que não só desafiam o intérprete, como também envolvem o ouvinte em um espetáculo sonoro exuberante.

Elementos folclóricos e melódicos

A música de Khachaturian é profundamente influenciada por suas raízes armênias, e essa influência é especialmente evidente em sua exploração da clarineta. Ele frequentemente incorpora escalas e modos tradicionais armênios, criando um som que ressoa com a cultura de sua terra natal.

Utilização da clarineta

A clarineta, com seu timbre rico e caloroso, é ideal para interpretar essas melodias folclóricas. Em várias de suas obras, Khachaturian utiliza-a para traduzir a emoção e a nostalgia associadas à música armênia. As linhas melódicas são frequentemente adornadas com ornamentações típicas, permitindo que o intérprete explore a expressividade do instrumento.

Interação com outros instrumentos

Khachaturian é habilidoso na criação de interações significativas entre a clarineta e outros instrumentos. Sua música de câmara muitas vezes revela um diálogo profundo em que ela não é apenas uma solista, mas uma parceira ativa na construção da narrativa musical.

Formações de música de câmara

No *Trio para Clarineta, Violino e Piano*, o qual abordaremos no próximo capítulo, a clarineta interage de forma intrincada com o violino e o piano. A troca de temas e a resposta entre os instrumentos criam um ambiente sonoro rico em que cada parte é essencial ao todo. Essa abordagem permite que a clarineta se destaque enquanto mantém uma coesão com o *ensemble*, resultando em uma experiência musical unificada.

Aram Khachaturian explorou-a de maneira única e impactante, utilizando o instrumento para expressar a riqueza de suas raízes culturais e sua sensibilidade musical. Suas obras, como o *Trio para Clarineta, Violino e Piano* e o *Concerto para Clarineta e Orquestra*, destacam não apenas o virtuosismo da clarineta, mas também sua capacidade de transmitir emoção e profundidade. Ao integrar elementos folclóricos e criar diálogos significativos com outros instrumentos, Khachaturian assegurou que a clarineta ocupasse um lugar de destaque em seu repertório, refletindo a beleza e a complexidade da música do século XX.

Passamos agora a explorar a obra *Sequenza IX*, de Luciano Berio, uma das composições mais notáveis para clarineta solo, e como ela representa a evolução e as possibilidades do instrumento na música contemporânea.

LUCIANO BERIO E A EXPLORAÇÃO DA CLARINETA NA *SEQUENZA IX*

Luciano Berio, um dos compositores mais influentes do século XX, é conhecido por suas inovações na música contemporânea e por seu trabalho em expandir os limites dos instrumentos tradicionais. Sua obra *Sequenza IX*, para clarineta solo, composta em 1980, exemplifica essa abordagem experimental, utilizando-a de maneiras que desafiam tanto o intérprete quanto o ouvinte.

Contexto da composição

A *Sequenza IX* é parte de uma série de composições de Berio que exploram as capacidades técnicas e expressivas de instrumentos solo. A série *Sequenza* reflete seu interesse em combinar complexidade técnica com profundidade emocional, permitindo que o intérprete explore uma ampla gama de sonoridades e texturas. Especificamente para a clarineta, Berio escreveu uma obra que não só desafia as habilidades do músico, como também expande as possibilidades do próprio instrumento.

Estrutura da obra

A *Sequenza IX* é estruturada de maneira não convencional, evitando as formas clássicas tradicionais e focando a exploração sonora. A obra pode ser dividida em seções que alternam entre diferentes intensidades e técnicas:

Introdução e exploração: A peça começa com uma introdução suave em que a clarineta explora timbres sutis e nuances. Berio utiliza técnicas estendidas, como o uso de harmonias, sons não articulados e respirações dentro do instrumento, criando um ambiente sonoro intrigante.

Desenvolvimento temático: À medida que a peça avança, Berio introduz uma variedade de técnicas, incluindo o uso de glissandos, *pizzicatos* e trilos, que expandem o vocabulário expressivo da clarineta. Essas seções desenvolvem temas que, embora abstratos, evocam emoções e imagens vívidas.

Clímax e resolução: A obra atinge um clímax em que a clarineta se torna mais assertiva, incorporando passagens rápidas e dinâmicas. Em seguida, há uma desaceleração gradual que leva a uma conclusão reflexiva quando o som se dissolve em silêncios e ecos.

Técnicas inovadoras

Berio desafia o intérprete a utilizar uma variedade de técnicas estendidas, que se tornaram uma característica marcante da música contemporânea. Tais técnicas incluem:

- multifônicos – habilidade de produzir mais de uma nota simultaneamente, criando uma textura rica e complexa;

- sons não tradicionais – uso de técnicas como sopros, respirações e articulações não convencionais que ampliam o vocabulário sonoro da clarineta.

- dinâmicas extremas – a peça exige controle dinâmico preciso, alternando entre momentos de delicadeza e explosões sonoras intensas.

Impacto e legado

A *Sequenza IX* não é apenas uma obra desafiadora, mas uma contribuição significativa ao repertório da clarineta contemporânea. Ela influenciou muitos compositores e intérpretes que buscam expandir os limites do que é possível com o instrumento. A obra de Berio reflete uma evolução na compreensão da clarineta, não só como um instrumento solista, mas também como um veículo para a expressão artística e a inovação sonora.

Luciano Berio, com sua *Sequenza IX*, elevou a clarineta a novas alturas de expressão e técnica, bem como abriu caminho para que futuros compositores explorassem ainda mais as possibilidades do instrumento. A obra é um testemunho da evolução da música contemporânea e da habilidade da clarineta em se adaptar e prosperar em novos contextos. Por sua complexidade e beleza, a *Sequenza IX* continua a ser uma peça central no repertório clarinetístico, desafiando músicos e cativando públicos ao redor do mundo.

A EXPLORAÇÃO DA CLARINETA NA OBRA DE JOHANNES BRAHMS

Johannes Brahms, um dos compositores mais influentes do século XIX, fez contribuições significativas ao repertório da clarineta, destacando-se pela profundidade emocional e pela complexidade técnica de suas obras. Sua relação com a clarineta é particularmente notável, uma vez que ele escreveu algumas das composições mais importantes para o instrumento, incorporando-o de maneira inovadora em diferentes contextos, desde a música de câmara até as obras para piano. Neste capítulo, exploraremos como Brahms utilizou a clarineta em suas composições, focando obras-chave, incluindo a *Sonata nº 1 em Fá menor, Op. 120*.

Sonata para Clarineta e Piano, Op. 120, nº 1

A *Sonata para Clarineta e Piano em Fá menor, Op. 120, nº 1*, composta em 1894, é uma das obras mais emblemáticas de Brahms para clarineta. Escrita no final de sua vida, essa sonata exemplifica a habilidade de Brahms em criar diálogos íntimos e complexos entre a clarineta e o piano.

Estrutura e temática

A sonata é composta por quatro movimentos:

1º Movimento: *Allegro appassionato* – a clarineta apresenta uma melodia rica e expressiva, que estabelece imediatamente o tom da obra. A interação entre ela e o piano é sutil, criando um diálogo que se desenrola com intensidade crescente;

2º Movimento: *Andante un poco adagio* – um dos movimentos mais belos de Brahms em que a clarineta apresenta uma melodia lírica e suave, evocando um profundo sentimento de introspecção. O piano complementa com um acompanhamento delicado, permitindo que a clarineta se destaque;

3º Movimento: *Allegretto grazioso* – um movimento mais leve e dançante em que a clarineta assume um papel central em melodias brincalhonas que interagem com o piano, equilibrando seriedade e leveza;

4º Movimento: *Vivace* – o fechamento da sonata é vibrante e enérgico, com a clarineta destacando-se em passagens rápidas e alegres. Esse movimento finaliza a obra com um sentimento de exuberância, refletindo a vitalidade da música de Brahms.

Sonata nº 2 para Clarineta e Piano, Op. 120

A *Sonata nº 2 em Eb maior, Op. 120*, a qual abordaremos de forma detalhada no próximo capítulo, também composta em 1894, é uma obra igualmente significativa no repertório para clarineta, destacando-se por seu caráter mais alegre e otimista.

Estrutura e temática

A sonata é dividida em três movimentos:

1º **Movimento:** *Allegro amabile* – a clarineta inicia com uma melodia vibrante e lírica, apoiada por um acompanhamento animado do piano, estabelecendo um diálogo encantador entre os dois instrumentos.

2º **Movimento:** *Allegro appassionato* – um movimento mais intenso em que a clarineta expressa emoções profundas com uma melodia enérgica, permitindo que o intérprete mostre a técnica e a expressividade do instrumento.

3º **Movimento:** *Andante con moto - Allegro* – esse movimento combina um tema mais introspectivo com um final enérgico em que a clarineta se destaca em passagens rápidas e rítmicas, encerrando a obra de maneira exuberante.

Quinteto para Clarineta e Cordas, Op. 115

Outra obra monumental de Brahms é o *Quinteto para Clarineta e Cordas, Op. 115*, também composta em 1891. Essa peça é considerada um dos grandes pilares do repertório de clarineta e é a única composição de Brahms que combina o instrumento com um conjunto de cordas.

Não vamos abordá-la, uma vez que não pertence ao nosso objetivo de estudo.

Elementos melódicos e harmônicos

Brahms é conhecido por sua maestria na construção melódica e harmônica, e isso se reflete claramente em suas obras para clarineta. O compositor frequentemente emprega escalas, modos e harmonias que criam uma profunda ressonância emocional.

Uso da clarineta

As melodias da clarineta em suas composições são frequentemente adornadas com ornamentações que evocam o estilo romântico. Brahms aproveita a expressividade do instrumento, utilizando-o para transmitir sentimentos que vão da melancolia à alegria. A combinação de linhas melódicas fluidas e harmonias ricas resulta em um som característico que se tornou sinônimo de sua obra.

Interação com outros instrumentos

A música de Brahms é conhecida por sua intertextualidade e pela forma como ele estabelece diálogos significativos entre os instrumentos. Nas obras para clarineta, essa interação é particularmente notável.

Música de câmara

No *Quinteto para Clarineta e Cordas* e nas *Sonatas para Clarineta e Piano*, a clarineta não é apenas um solista, mas um componente vital da textura musical. Brahms constrói suas obras de forma que a clarineta interaja de maneira orgânica com outros instrumentos, criando um ambiente sonoro que é, ao mesmo tempo, coeso e dinâmico. Essa abordagem enriquece a música, permitindo que cada parte contribua para a narrativa geral.

Johannes Brahms explorou a clarineta com uma sensibilidade e uma profundidade que deixaram um legado duradouro no repertório do instrumento. Suas obras, como as *Sonatas nº 1 e nº 2 para Clarineta e Piano, Op. 120* e o *Quinteto para Clarineta e Cordas, Op. 115*, destacam não só a habilidade técnica da clarineta, como também sua capacidade de evocar emoções complexas. Ao integrar elementos melódicos ricos, harmonias sofisticadas e interações significativas com outros instrumentos, Brahms assegurou que a clarineta ocupasse um lugar de destaque em sua obra, refletindo a beleza e a complexidade da música romântica do século XIX. A influência de Brahms continua a ressoar, fazendo de suas composições uma parte essencial do repertório clarinetístico contemporâneo.

CAPÍTULO 3

ANÁLISE DAS OBRAS

KHACHATURIAN: TRIO PARA CLARINETA, VIOLINO E PIANO

Aram Ilych Khachaturian, músico armênio nascido em 6 de junho de 1903, é conhecido entre os compositores que incorporam material nacionalista em suas músicas. Canções, ritmos e harmonias folclóricas, bem como outros dispositivos, são usados como ferramentas importantes para estabelecer um idioma nacional. Como Khachaturian afirmou:

> Para tentar responder à pergunta [sobre] qual é a minha ideia do elemento folk na arte, devo recorrer à minha própria biografia musical e recordar as várias impressões artísticas da minha infância e juventude. Cresci em uma atmosfera rica em música folclórica: festas populares, ritos, eventos alegres e tristes na vida das pessoas sempre acompanhados por música, as melodias vivas das canções e danças Armênias, Azerbaijanas e Georgianas executadas por bardos e músicos folclóricos - tais foram as impressões que ficaram profundamente gravadas em minha memória, que determinaram meu pensamento musical. Eles moldaram minha consciência musical e lançaram as bases de minha personalidade artística, que se desenvolveu mais tarde, durante os anos de estudo e posteriores trabalhos criativos. Quaisquer que sejam as mudanças e melhorias que ocorreram em meus gostos musicais nos últimos anos, sua substância original, formada na primeira infância em estreita comunhão com

o povo, sempre permaneceu o solo natural que nutre todo o meu trabalho[2].

Esse Trio é uma das primeiras obras de Khachaturian, composta enquanto estudava no Conservatório de Moscou, na qual utilizou tais elementos folclóricos. De fato, sua instrumentação é uma imitação do *duduk, kemancha e doll*, instrumentos folclóricos com os quais Khachaturian estava bem familiarizado.[3]

Em 1933, Sergei Prokofiev foi ao Conservatório de Moscou para ouvir algumas das composições do aluno. Dentre as obras que ouviu, a de Khachaturian parece ter chamado sua atenção, principalmente o Trio. "Ele (Prokofiev) gostou do meu trio e até me pediu uma música para enviar para a França. Nem preciso dizer que eu estava no sétimo céu"[4]. Como esperado, Prokofiev levou consigo o Trio e outras obras de Khachaturian para Paris, onde o Trio provavelmente teve sua primeira apresentação no exterior em um concerto da Triton Chamber Music Society. O uso de melodias folclóricas, dissonâncias e segundas maiores e menores dão ao Trio tendências variadas, ora para a tonalidade, ora para a modalidade. Seu timbre e melodia originais, baseados em elementos folclóricos, reproduzem o espírito de sua terra natal.

> Tome, por exemplo, minha paixão pelo intervalo de segunda maior e menor: já não tive problemas suficientes com meus mestres do conservatório e críticos de música sobre isso! Esse intervalo discordante que me assombra vem do trio de instrumentos folclóricos que consiste no *tar, kemancha e pandeiro*. Aprecio tais sonoridades e ao meu ouvido são tão naturais como qualquer consonância [...][5].

[2] KHACHATURIAN, Aram. *My Idea of the Folk Element in Music*. Sovetskaya Muzyka (Música Soviética), Nº 5 (1952) *apud* SHNEERSON, Grigory. *Aram Khachaturian*. Moscou: Foreign Languages Publishing House, 1959. p. 33.

[3] YUZEFOVICH, Victor, *Aram Khachaturian*. Tradução de Nicholas Kournokoff e Vladimir Bobrov. New York: Sphinx Press, Inc., 1985. p. 49.

[4] SHNEERSON, Grigory. Aram Khachaturian. Tradução de Xenia Danko. Edição de Olga Shartse. Moscou: Foreign Languages Publishing House, 1959. p. 33.

[5] SHNEERSON, 1959. p. 33.

ANÁLISE

Andante con dolore, con molto espressione

O primeiro movimento é uma forma ABA', com introdução e coda repetidas na tonalidade de Sol menor. O Quadro 1 descreve as seções principais. Há uma introdução de quatro compassos apresentada ao piano, tocando acordes dissonantes marcados em *tenuto*, como preparação para os próximos temas. Se tomarmos esses acordes dissonantes como um grupo de linhas melódicas dispostas horizontalmente, perceberemos o uso de intervalos de segundas maiores e menores, conforme mencionado anteriormente, exemplificando as ideias do compositor.

O piano desempenha papel valioso, tanto na preparação quanto no estabelecimento do caráter musical introdutório, que é muito expressivo e doloroso, como sugere o título. O acompanhamento dura toda a seção A, do compasso 1 ao 13.

Quadro 1 – Khachaturian *Trio para Clarineta, Violino e Piano*, mvt. I, Forma

MVT	SEÇÃO	TEMA	COMPASSO	TONALIDADE
I		Introdução	1 - 4	
	A	a (clarineta) b (violino)	5 - 13	Sol Menor
	B	c (clarineta) d (violino)	14 - 20	Sib Maior
	A`	a' (violino)	21 - 24	Sol Menor
		Coda	25 - 27	

MVT	SEÇÃO	TEMA	COMPASSO	TONALIDADE
II	A	a (violino)	29 - 37	Sol Menor
		b (clarineta)	32 - 37	
	B	c (violino)	38 - 37	Sib Maior
	A`	d (clarineta)	45 - 49	
		Coda	50 - 54	

Fonte: Tabela criado pelos autores

Outra característica dessa peça é que Khachaturian usa os dois temas principais ao mesmo tempo. Tanto a clarineta quanto o violino tocam simultaneamente, tendo o piano como base. A melodia suave e melancólica da clarineta, combinada com a colorida melodia do violino, resulta em uma fusão sonora única e surpreendente entre os dois instrumentos. Além disso, se a estrutura de ambos os temas for observada de perto, a frase da clarineta pode ser tomada como uma escala modal dórica e a frase do violino, uma escala modal eólica. O motivo que se apresenta na frase da clarineta consiste em três compassos com a anacruse e é repetidamente utilizado, mantendo algumas diferenças em relação ao outro tema. Os temas são trocados posteriormente entre os instrumentos melódicos (Exemplo 1.1).

Em *poco più mosso*, na seção B, compasso 14, a música é mais fluida, com o piano tocando tercinas na tonalidade de Si bemol maior e um acorde de Lá bemol na mão direita, no terceiro e quarto tempo, seguido por uma escala rápida. No compasso 18, começa a segunda parte da seção B, em que uma série de mudanças musicais, como *acelerando, poco ritenuto, sforzando* e *crescendo*, são trazidas para alcançar um clímax, seguido por uma repetição do *poco più mosso*, na seção B, agora marcado *a tempo*, ao sinal do *ritornello*, no compasso 20. A frase da clarineta, que é reforçada pela colorida melodia do violino, tem um motivo rítmico de dois tempos baseado em colcheias e semicolcheias. Esse motivo é repetido quatro vezes, seguido por uma rápida escala pentatônica, conectando-se a uma escala modal dórica descendente, usada no compasso 12 como uma frase final (Exemplo 1.2).

Exemplo 1.1 – Khachaturian - *Trio para Clarineta, Violino e Piano*, mvt. I, Temas a/b, c. 5-9

Aram Khachaturian

Fonte: KHACHATURIAN, *Trio para Clarineta, Violino e Piano*. International Music Company, NY, 1948.

Depois que a seção B é repetida, o violino apresenta o tema principal na seção A'. Embora a melodia da clarineta continue como foi apresentada na seção A, ela acompanha o violino com uma variação embelezada do tema. Uma coda começa no compasso 25, marcada como *quasi cadenza*, concluindo a primeira parte desse movimento com uma grande e móvel escala, tendo um *accelerando* tocado pela clarineta.

O violino prepara a entrada da clarineta, acompanhando-a no acorde de Dó maior no segundo tempo do compasso 26, deixando a clarineta se movendo sobre o acorde sustentado pelo piano. Esse acorde contém intervalos de segundas maiores e menores, mencionados anteriormente, tendo um acorde de Sol maior tocado na mão direita com um acorde de Dó maior na mão esquerda (Exemplo 2).

Como a música é repetida em *tempo primo*, o violino assume o tema principal com seu rico som, escrito *senza sordina* e *con vibrato*, enquanto o piano executa o acompanhamento que foi tocado na parte I. A clarineta não começa ao mesmo tempo que o violino. Khachaturian surpreende o ouvinte ao apresentar o tema B na clarineta, no compasso 32, originalmente apresentado pelo violino. Novamente a seção B tem as características da passagem anterior. Segue-se, então, a seção A', cujo tema é, doravante, apresentado ao piano, escrito *marcato* e *espressivo*, tendo a clarineta e o violino como acompanhantes de toda a seção. Finalmente, uma coda é apresentada para encerrar o movimento.

Allegro

O segundo movimento, e o mais longo, é uma forma A, B, C, B', A' com uma seção de transição. O Quadro 2 descreve as seções principais.

Quadro 2 – Khachaturian - *Trio para Clarineta, Violino e Piano*, mvt. II, Forma

SEÇÃO	TEMA	COMPASSO	TONALIDADE
A (*allegro*)	a (cl. & vln)	1 - 14	Modal
B (*allegretto*)	b (cl)	15 - 38	C - E- Ab
	Ponte	39 - 40	
	c	41 - 52 / 53 - 64	
		65 70	E
		71 - 74 / 75 - 78	
C (*allegro agitato*)	c/d (cl. & vln)	79 - 98	Sol# menor
Transição		99 - 114	
B` (*maestoso pesante*)	b	115 - 137	Dó
A' (*tempo primo*)	a' (vln. & cl.)	138 - 151	

Fonte: Tabela criada pelos autores

A primeira seção (A) dura 14 compassos, e os três instrumentos tocam juntos. A clarineta apresenta o tema, reforçado pelo violino tocando em *pizzicato*, enquanto o piano mantém um constante motivo rítmico de 30 segundos como acompanhamento. Essa passagem melódica alterna entre modal e tonal. Novamente o uso de intervalos maiores e menores, particularmente as segundas, estão presentes aqui (Exemplo 1.2).

Exemplo 1.2 – Khachaturian - *Trio para Clarineta, Violino e Piano*, mvt. II, Tema a, c.1-10

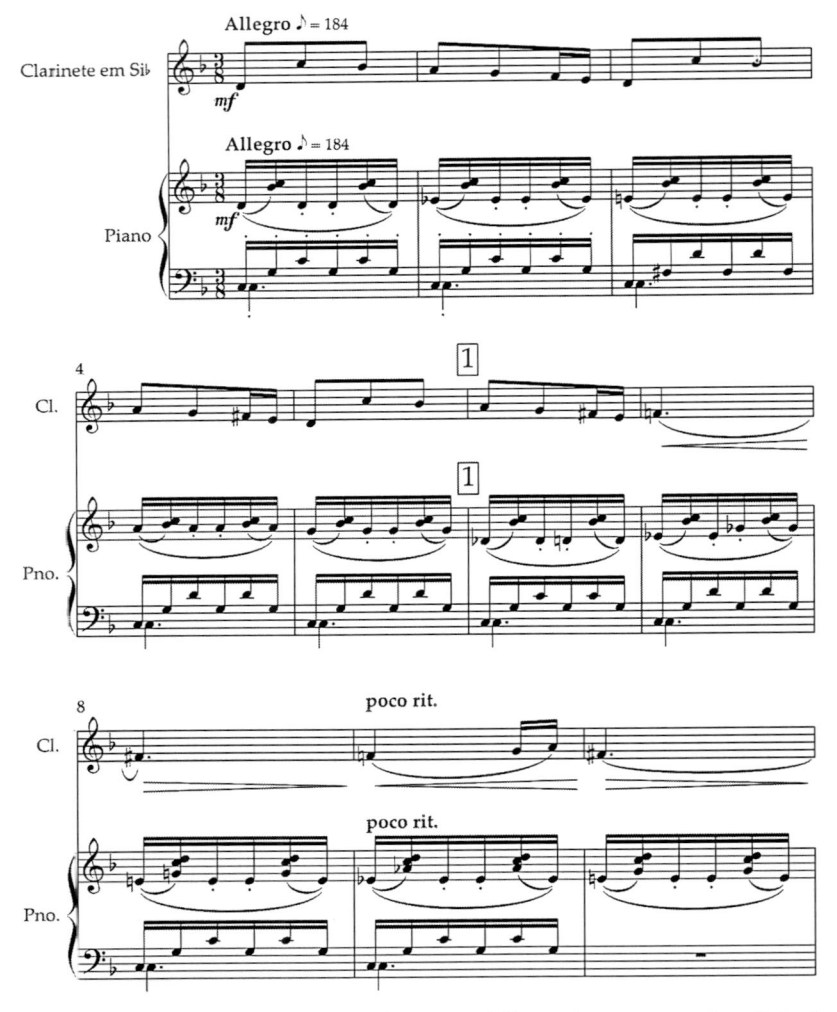

Fonte: KHACHATURIAN, *Trio para Clarineta, Violino e Piano*. International Music Company, NY, 1948.

Quatro compassos de acordes dissonantes no piano anunciam a próxima parte, *allegretto*, na seção B, compasso 15. O *allegretto* é escrito na forma ABA', no tom de Dó maior. A clarineta apresenta o tema da seção B, que está em forma ternária como uma subseção: parte I, do compasso 15 ao 26; parte II, do 27 ao 34; e parte III, do 35 ao 38. Além disso, há as notas graciosas do compasso 28, que têm intervalo de segunda maior, em contraste com a anterior, no compasso 16, que é de segunda menor.

O violino começa a tocar no compasso 19, no qual a clarineta toca a segunda parte do tema. A linha do violino é muito mais de embelezamento e preenchimento ornamentativo do que de caráter temático, como no primeiro movimento. O piano tem a parte de acompanhamento, que também é variada. Sua entrada, com colcheias para quatro compassos, é em 6/8 contra o 3/4 da clarineta, embora também tenha um compasso ternário. Khachaturian faz isso formulando as colcheias como se fossem tercinas. Os próximos oito compassos são regulares com semínimas pontuadas e semínimas, com exceção do primeiro, compasso 19, que tem um arpejo em Fá maior. Esse gesto particular é repetido ao longo da seção, apesar de algumas diferenças.

O tema B começa logo no compasso 41 e é uma transposição do tema A na tonalidade de Mi maior, introduzido pela clarineta. O piano mantém o acompanhamento, como tocado antes, enquanto o violino apresenta outra frase embelezadora, mais ritmada. Essa seção difere da anterior por ter uma mudança de tempo, o *allargando*, cuja preparação é definida no compasso anterior – 48 - por um *ritenuto*. O *allargando*, que dura dois compassos, tem uma passagem rápida tocada no segundo compasso da parte da clarineta e possui todas as notas do acorde do piano, com exceção do Sol sustenido, em que a clarineta substitui essa nota por um Lá, que faz o intervalo de segunda menor. No compasso 65, é introduzido um tema de encerramento no piano, como solo, por seis compassos. Sua frase expressiva, melódica e *rubato* é bem diferente do que apareceu até o momento. O segundo e o terceiro compasso são repetições idênticas dos anteriores, compassos 65 e 66. Os dois últimos compassos têm escala de Sol descendente na mão esquerda e uma nota de sustentação na mão direita, que se conectam à seção A'. O piano continua tocando, como solo, por mais quatro compassos, agora apresentando o tema principal na tonalidade de Láb maior. Em seguida, o violino repete os dois primeiros compassos da linha do piano, com os outros dois compassos floreados.

A seção C é o *allegro agitato*. Seu tempo rápido, mínima igual a 88, e sua particular textura dão um caráter novo e enérgico e um efeito impressionante à peça. Além disso, várias modulações ocorrem. O material é derivado da seção B. A clarineta é responsável por introduzi-lo, tocando as duas anacruses no compasso 79, onde há uma marca de *poco ritenuto* que marca a mudança de seção.

O motivo rítmico do piano é constante em quase toda a seção, tocando colcheias em tercinas. É uma passagem sincopada, com a primeira nota do baixo no tempo forte e as demais alternadas com as notas da mão esquerda. Nos compassos 99 e 100, há uma escala modal frígia em tercina tocada na clarineta, que conduz à transição no compasso 101. O violino toca a mesma escala, começando no compasso 100, mas uma quinta abaixo.

O tempo na seção de transição, marcado como *più presto*, é muito mais rápido. Apenas tercinas são tocadas e apresentadas pela primeira vez pelo piano. A clarineta toca em dois compassos, depois o violino em outros dois. A linha move-se para o registro grave do piano. No compasso 111, o piano toca sozinho, e há um *ritardando*, conduzindo ao *maestoso pesante*. Esse momento é uma repetição da seção B, porém bem mais curto, com 24 compassos e sem *allargando*.

No *tempo primo*, compasso 138, a seção A' é apresentada. Tem o mesmo acompanhamento e características da seção A, com o violino tocando o mesmo motivo rítmico, uma quinta acima. A clarineta começa na terceira batida, no compasso 138, uma oitava acima, com a primeira nota, Ré, acentuada. De fato, essa nota será sempre acentuada quando tocada na seção. Nos últimos quatro compassos, a clarineta executa uma tercina de semicolcheias em escala cromática ascendente, e o violino toca semicolcheias, terminando em duas semínimas pontuadas e ligadas, com o piano embaixo, tocando a mesma frase no final dos compassos 11 a 14.

Moderato

Esse terceiro movimento é uma forma AB com uma coda (A') na tonalidade de Dó maior, que abre com a clarineta tocando sozinha o tema principal por 12 compassos. O Quadro 3 descreve as seções principais.

Quadro 3 – Khachaturian - *Trio para Clarineta, Violino e Piano*, mvt. III, Forma

PARTE	SEÇÃO	TEMA	COMPASSO	TONALIDADE
A	Moderato	a (Clarineta)	1 - 12	Dó
		a (Piano)	13 - 24	
		b (Cl. / Vln)	25 - 32	
		a/b (Cl. / Vln.)	33 -44	
		Extensão	45 - 48	
		a'/b' (Vln. / Cl.)	49 - 62	
		Transição	63 - 71 / 72 - 79	
		a" (Piano)	80 - 103	Sol menor
		A" (Clarineta)	104 - 127	Dó menor
		a (Piano)	128 - 151	
		Extensão	152 - 154	
		Transição	155 - 158	

PARTE	SEÇÃO	TEMA	COMPASSO	TONALIDADE
B		Introdução	159 - 164	Sol maior
		a (Clarineta)	165 - 176	
		Ponte	177 - 178	
		a (Violino)	179 - 190	Sol menor
		Ponte	191 - 192	
		b (Cl. / Vln)	193 - 203	Dó maior
		a'/b' (Vln. / Cl.)	204 - 219	Fá maior
		Transição	220 - 223	
CODA (A`)		a' (Violino)	224 - 231	Mi b menor
		Ponte	232 - 235	
		Coda	236 - 247	Dó menor

Fonte: Tabela criada pelos autores

No compasso 13, o piano repete a frase da clarineta, *cantabile*, com um acompanhamento de colcheia. Estabelece-se, pois, um contraste entre ambas as melodias, em andamento mais rápido, marcado por *poco più mosso*, e com uma dinâmica mais acentuada, *mezzo-forte*, contra o *piano*, com solo moderado da clarineta.

O tema B é definido pela junção da escala maior e menor: D-E-F#-G-A-Bb-C-D (heptatônica secunda – música tradicional). Ele também usa notação mais rápida, como semicolcheias e fusas. Há um aumento gradual tanto na textura quanto na dinâmica, levando a um clímax. A clarineta e o violino tocam *fortíssimo* a mesma melodia, mas em registros diferentes, no grave para a clarineta e no agudo para o violino (Exemplo 1.3).

Exemplo 1.3 – Khachaturian - *Trio para Clarineta, Violino e Piano*, mvt. III, tema b, c. 25-29

Fonte: KHACHATURIAN, *Trio para Clarineta, Violino e Piano*. International Music Company, NY, 1948.

No compasso 33, a clarineta apresenta o tema principal novamente, com o violino tocando o tema B, e o piano tocando principalmente as semicolcheias. A frase da clarineta está uma oitava acima da anterior, com algumas pequenas mudanças na articulação. Outra característica dessa seção é a linha de baixo sincopada de semicolcheias, que começa no compasso 29 e continua até o compasso 66, sendo o clímax atingido no compasso 60. Há uma troca de tema entre a clarineta e o violino. O violino toca o tema A com notas duplas e a clarineta, o tema B. Tanto o piano quanto a clarineta têm uma marca dinâmica de piano, enquanto o violino toca forte. Essa regra é quebrada no final da frase do violino, no compasso 60, quando todos os instrumentos tocam forte.

O piano é responsável pela transição, no compasso 63, que se conecta à mudança de tom, para Dó menor, no compasso 80. Na parte da transição, há uma linha melódica expressiva no baixo, com colcheias e semínimas com uma marcação na dinâmica em *mezzo-forte* e um *decrescendo* no final da frase. É como se a peça recomeçasse, lembrando o mesmo caráter do início.

Na mudança de tom no compasso 80, o tema principal é tocado no piano com a clarineta e o violino embelezando sua frase com motivos melódicos curtos e suaves. Depois de ter usado a clarineta e o violino para tocar os temas A e B ao mesmo tempo e ter trocado os temas entre eles, Khachaturian apresenta a melodia folclórica ao piano na tonalidade de Sol menor. Ele já havia feito isso no primeiro movimento, quando o piano tocou o tema principal pela última vez naquela seção, mas em tom homônimo. A clarineta repete imediatamente o tema principal, com o piano mantendo sua linha de baixo de fraseado e harmonia como acompanhamento. Em comparação com o tema de abertura, nos compassos de 1 a 12, os valores das notas aqui são duplicados. O tema é enaltecido por uma passagem rápida nos compassos 112 e 118. Ambos têm a mesma notação, mas o segundo tem um C#4, enquanto o primeiro, não. Além disso, as passagens corridas funcionam como uma preparação para a segunda parte do tema, assim como os motivos do acorde em tercina na mão direita do piano, alterando a textura.

Esses motivos rítmicos em tercinas são usados nas frases da clarineta e do violino, começando no compasso 128, quando o piano repete o tema principal novamente. Uma transição é estabelecida pelo piano. A mão direita toca mínimas, e a esquerda toca tercinas. Os acordes dissonantes, reforçados por um *poco ritenuto* no final da transição, conectam a próxima parte do movimento — *presto* — proporcionando um contraste interessante. Abruptamente, um clima agressivo e vívido toma lugar no compasso 159, em que o *presto* começa mudando a personagem contundentemente. O andamento é duas vezes mais rápido. Embora haja um novo foco nos temas e no acompanhamento, a duração das frases é semelhante à seção anterior. Essa seção difere do *moderato*, tendo uma introdução e duas pontes entre os temas da clarineta e do violino, e poderia ser entendida como se fosse a primeira parte daquele *moderato*, mas indo direto para a última parte, ao invés de tocar a segunda parte.

Ambos os temas, A e B, são variações dos anteriores. Os primeiros seis compassos, do 159 ao 164, são considerados introdução e apresentados no piano com o material da versão do violino do tema B nos dois últimos compassos. A clarineta executa o tema principal no tom de Sol menor.

Então, uma ponte de dois compassos é estabelecida, com atenção especial para o violino, que, após tocar sucessivas notas Ré6, executa o tema na tonalidade de Sol menor. Outra ponte de dois compassos é apresentada, agora no piano, conectando-se ao tema principal, que é tocado em uníssono pelos dois instrumentos melódicos na tonalidade de Dó maior. Embora o piano mantenha seu acompanhamento rítmico constante e *marcato*, a clarineta e o violino tocam o tema B de maneiras tão distintas que um contraste brilhante na textura é prontamente estabelecido. Esse contraste é ainda mais acentuado quando ambos os temas contrastantes, A e B, são tocados ao mesmo tempo, começando no compasso 198 na tonalidade de Fá maior, atingindo um clímax nesta seção. Outro evento singular é encontrado no compasso 211, em que o piano quebra seu acompanhamento rápido e rítmico para tocar tercinas em semínimas, mas apenas para aquele compasso, retornando à sua linha normal.

Uma mudança no andamento e na textura é estabelecida para iniciar a última seção, *meno mosso*, em que uma ponte de quatro compassos precede essa seção, com o piano tocando principalmente tercinas, seguido pela entrada da clarineta dois compassos depois. A frase do violino usa notas duplas, mantendo um Mi4 sucessivo com uma sequência cromática na parte inferior. O *meno mosso* começa no compasso 24, após uma seção móvel e bastante turbulenta. A música retorna a um clima calmo e melancólico com serenidade. O tema A é introduzido no violino na tonalidade de Mib menor. Embora o piano mantenha o motivo rítmico saltitante, tocado na seção anterior, tanto o andamento lento quanto a marcação de dinâmica do piano dão uma conotação contrastante à mudança. Além disso, há uma frase sincopada na linha superior do piano, contribuindo para uma linha expressiva. A clarineta toca uma linha secundária como um embelezamento. É importante mencionar que o tema principal não é tocado em sua totalidade. Os quatro primeiros compassos são retirados do anterior, mantendo essa estrutura com a frase final de semínima tercina na tonalidade de Mib maior. A segunda parte desse tema é tocada na clarineta. No compasso 236, uma linha melódica repetida, baseada em segundas maiores e menores, é apresentada pela clarineta, definindo o caractere para a coda. Os três registros da clarineta são usados ao longo da coda, e o violino responde à frase da clarineta tocando a mesma coisa apenas para dois compassos: 241 e 242. No último sistema, o violino sustenta um Mib3, e o piano sustenta Mib3 e Dó1 até a clarineta terminar sua frase, para que se conclua a peça de forma suave, calma, reforçada pela marcação do *poco ritenuto* e com uma semínima no violino em *pizzicato*.

Aspectos da performance e da pedagogia

É importante que o intérprete se familiarize o máximo possível com a peça, para que possa identificar os principais problemas de execução e reconhecer os aspectos interpretativos, a fim de estabelecer um plano de estudo para superar as dificuldades de execução que possam surgir. Com isso, ele poderá desenvolver os conceitos musicais necessários para atingir a maturidade musical da peça.

O Trio de Khachaturian está entre aquelas obras originais que fazem muito uso de melodias de músicas tradicionais, e o intérprete deve estar ciente de seu estilo de composição. Além disso, a resistência em poder tocar por um longo período tem um papel decisivo, exigindo controle o tempo todo. A dinâmica desempenha papel importante ao longo da peça, por isso o intérprete deve ter controle sobre ela para realçar seus contrastes. O uso do timbre tem uma função também importante nessa peça, que pode ser vista como uma ferramenta para ampliar a gama de cores e dar outra perspectiva à música, ao mesclar as sonoridades dos instrumentos.

Tanto o clarinetista quanto o violinista precisam estar atentos às frases simultâneas e ao diálogo que se estabelece entre eles, sendo necessário que discutam isso e decidam como tocarão as frases. Além disso, a parte do piano pode ajudar os músicos a tocarem juntos e estabilizar o conjunto, mantendo um andamento constante.

No início do primeiro movimento, a linha do baixo pode ser tomada como referência e ajudar os intérpretes a tocar as frases corretamente. Por exemplo, no compasso 5, embora estejam tocando motivos rítmicos diferentes, os executantes podem se alinhar no quarto tempo (Exemplo 1.4).

Exemplo 1.4 – Khachaturian - *Trio para Clarineta, Violino e Piano*, mvt. I, *Line up*, c.4-5

Fonte: KHACHATURIAN, *Trio para Clarineta, Violino e Piano*. International Music Company, NY, 1948.

Além disso, as mudanças de articulação e andamento são por demais importantes, pois enfatizam o caráter da peça. Dessa feita, os intérpretes precisam estar cientes desses elementos para tocar apropriadamente o estilo. Existe a opção de dedilhado para o clarinetista tocar o Si4 no compasso 10 e outras frases subsequentes nas quais há mudança de registro, exigindo precisão. O intérprete pode tentar tocar ainda essas passagens usando a chave de trinado lateral. Isso faz com que a passagem se mova suavemente, sem quebrar o nível de dinâmica (suave). Embora a marcação do *accelerando* seja para todos no compasso 17, é preponderante que o clarinetista lidere e prepare o retorno ao início da seção B, determinando a mudança de andamento com o *poco ritenuto* no compasso 19. É o mesmo caso do *quasi cadenza,* no compasso 25. Aqui, o clarinetista pode tocar livremente, sempre tendo em mente o *accelerando* gradual. Ele pode marcar no compasso 28, tanto na primeira pulsação quanto na segunda. Essa passagem requer ser afunilada com suporte constante por meio das mudanças de registro.

No início do segundo movimento, embora não haja marcação de *staccato* nem de *legato* para a clarineta, é premente pensar em uma articulação de forma a enfatizar a característica da passagem e, assim, conseguir um som unificador, alcançando prazerosamente este efeito. No *allegretto*, compasso 15, sugere-se tocar com mais presença, observando a marcação do piano para expressar o novo caráter da frase, que é bem mais lento e muito expressivo. Além disso, precisa estar atento para manter o pulso estável no compasso 17 a fim de melhorar a precisão rítmica e não confundir as semicolcheias com uma tercina. No *allargando* há uma passagem rápida, em fusas, no compasso 50, em que é possível tocar com mais intensidade, apoiando as primeiras notas do primeiro e segundo tempos, respectivamente. Buscamos aqui obter uma frase mais clara e expressiva (Exemplo 1.5).

Exemplo 1.5 – Khachaturian - *Trio para Clarineta, Violino e Piano*, mvt. II, Dó4#
e Si5, c. 49-50

Fonte: KHACHATURIAN, *Trio para Clarineta, Violino e Piano*. International Music
Company, NY, 1948.

O executante pode distribuir cada grupo de notas de fusas
em subgrupos de quatro. Do compasso 66 ao 77, o clarinetista
não toca. No entanto, o executante pode seguir essa passagem
muito de perto, pois ela será responsável pela introdução do *allegro agitato* no compasso 79 com duas colcheias. Atenção, então,
à linha do violino, com o *allegro agitato* mais intenso do que as
passagens anteriores e o crescendo a ser feito, de uma vez, para
um *forte* no compasso 79. Essa passagem é rica em textura, cor e
padrões rítmicos, quando também cuidadosamente articulada,
mantendo o ar em toda a linha. A métrica muda para o tempo de
mínima igual a 88. Para fazer essa mudança de tempo e métrica,
pode-se pensar nas semínimas nos tempos anteriores, pois elas
tornam-se o novo pulso. Essa é uma das passagens rítmicas mais
intrincadas da peça, por isso é necessário que seja ensaiada em
andamento lento para que o intérprete absorva as nuances e, assim,
faça os ajustes necessários. O intérprete precisa desempenhar as

partes em questão com muita intensidade, mantendo o pulso sem pressa, pois há uma tendência a isso. A parte sincopada do piano, que possui acentos nas notas do baixo em diferentes tempos, pode ser ouvida separadamente para melhor entendimento.

No compasso 92, o executante deve estar ciente de construir um *accelerando* gradual, que leva ao *più presto*. Embora também seja escrito para o pianista, o clarinetista é o personagem a avançar no andamento (Exemplo 1.6).

Exemplo 1.6 – Khachaturian - *Trio para Clarineta, Violino e Piano*, mvt. II, *Accelerando*, c. 99-100

Fonte: KHACHATURIAN, *Trio para Clarineta, Violino e Piano*. International Music Company, NY, 1948.

No *tempo primo*, compasso 138, recomenda-se que o clarinetista toque a frase suavemente, observando o acento no terceiro tempo, que vem sempre escrito em Ré5 (Concerto C5). Além disso, uma boa respiração precisa ser feita para compensar essas passagens adequadamente, o que ajudará a tocar de maneira consistente, reforçando a embocadura para obter uma resposta mais fácil no registro tocado. Nos últimos quatro compassos do movimento, em que há uma mudança de textura e uma dinâmica diferente para cada parte, os músicos devem se ouvir com atenção. A clarineta tem um *piano* e *accelerando*; o violino, um *mezzo-forte* e *crescendo*; enquanto o piano toca *forte*.

Uma figura de três contra dois é colocada entre a clarineta e o violino. A passagem torna-se mais interessante com o *poco ritenuto*, o que pode dificultar as coisas se o clarinetista e o violinista não acompanharem as colcheias acentuadas do pianista. Além disso, um *decrescendo* para uma dinâmica de *piano* deve ser tocada nos dois últimos compassos, com atenção para a parte do piano, que toca a última nota.

No terceiro movimento, Khachaturian repete o que apresentou na abertura do primeiro: o solo. Nesse caso, é a clarineta que toca sozinha uma melodia folclórica. Embora pareça uma melodia simples, o clarinetista deve tocá-la expressivamente, tentando até mesmo usar um *rubato*, por exemplo, explorando tanto os ornamentos quanto o tímido *crescendo* no quinto compasso para tocar no estilo de Khachaturian. O intérprete deve estar atento ao andamento, colcheia igual a 100, que tem função fundamental em dar o suporte necessário ao caráter composicional. O compositor ainda sugere duas formas de pensar o andamento: uma com compasso 2/4, e outra com compasso 4/8.

O clarinetista não deve acelerar o andamento, pois ele muda no compasso 13, para *poco più mosso*, em que o piano repete o tema um pouco mais rápido, com semínima igual a 63. Essa pequena diferença deve ser aproximada, assim como a dinâmica: *piano* na clarineta e *mezzo-forte no* piano.

No compasso 25, no qual a clarineta e o violino tocam o tema B juntos, é importante que ambos os intérpretes ouçam a nota Dó4 acentuada no piano, pois eles têm uma pausa de fusa. Isso deve ser ensaiado com o piano e separadamente. Ao tocar a melodia, um deve estar acima dos outros o tempo todo, a menos que marcado de forma diferente. É o caso do compasso 60, quando o violino está finalizando o tema, e a clarineta toca *forte* com a matéria do tema B. O piano é responsável pela transição, começando no compasso 220, no qual uma mudança de textura e humor é apresentada. Embora haja uma tendência para desacelerar, o ritmo deve ser mantido. Uma marcação *dolce* é indicada no compasso 80, no qual o piano apresenta outra versão da melodia em Sol menor. Pela terceira vez será repetido o tema principal, mas à clarineta, a partir do compasso 104.

Ainda que não seja escrita no mesmo registro da primeira, o clarinetista precisa tocá-la suave e delicadamente, dando ênfase ao segundo tempo do compasso 111, em que uma passagem se conecta à segunda parte do tema, com um *mezzo-forte* dinâmico. Uma passagem semelhante aparecerá alguns compassos depois, indo para uma dinâmica *forte*. Aqui, deve-se ficar atento ao Dó sustenido, que não ocorre na primeira passagem. No compasso 128, o piano precisa trazer o tema, pois está tocando oitavas no baixo, e a clarineta está tocando tercinas com dinâmica *forte*. O clarinetista precisa dar atenção especial à passagem iniciada no compasso 142, no qual ritmo, notas alteradas e mudanças de registro exigem precisão (Exemplo 1.7).

Exemplo 1.7 – Khachaturian - *Trio para Clarineta, Violino e Piano*, mvt. III, passagem rápida, c. 142-144

Fonte: KHACHATURIAN, *Trio para Clarineta, Violino e Piano*. International Music Company, NY, 1948.

Funciona como uma preparação para a entrada do piano, que tocará *fortissimo* logo após a passagem rápida da clarineta. Além disso, os três intérpretes devem estar cientes da diferença na dinâmica começando com o compasso 145: *mezzo-piano* para a clarineta, *forte* para o violino e *fortissimo* para o piano. Se a dinâmica for totalmente realizada, o som resultante é fabuloso. No compasso 165 o clarinetista deve tocar a melodia mantendo o nível de dinâmica *forte* e observando as diferenças de articulação, principalmente dos compassos 165 ao 167. Há ainda um acento na nota Lá4 no terceiro tempo do compasso 167, o que não acontece no primeiro motivo, que o performer deve explorar e trazer à tona. No compasso 193, tanto o clarinetista quanto o violinista precisam tocar com bastante intensidade, pois possuem a mesma melodia com uma dinâmica *fortissimo*.

Há um erro de impressão na partitura para piano, no compasso 205, na edição da International Company. Esse motivo de grupo deve ser o mesmo que nos compassos 204 e 205, com a nota Sol em tercina para clarineta, em vez de um Mi.

Dois compassos antes do *meno mosso,* o *poco a poco ritenuto* deve ser executado pela clarineta seguido pelo outros dois instrumentos. No *meno mosso,* o estilo e o fraseado devem ser semelhantes à abertura deste movimento, porém mais expressivo. A frase final da peça deve ser direcionada pela clarineta, que apresenta a última melodia enquanto o violino e o piano tocam notas inteiras. O violino para de tocar a nota longa para realizar uma ação final, uma semínima em *pizzicato,* com uma semínima na clarineta.

CAPÍTULO 4

BERIO: SEQUENZA IXA PARA CLARINETA SOLO

Luciano Berio nasceu em 1925, em Oneglia, Itália, e iniciou seus estudos musicais em casa, com seu pai, Ernesto Berio, compositor, e com seu avô Adolfo Berio, organista e compositor. De 1946 a 1951, frequentou o Conservatório de Milão, onde se interessou pela música do século XX. Conheceu outros compositores contemporâneos de destaque, como Boulez e Stockhausen, que foram importantes para a sua carreira.

Em 1958 escreveu a peça para flauta solo intitulada *Sequenza I*. Esse foi o início de uma série de trabalhos esplêndidos e originais. As *Sequenze* são uma série de composições para instrumentos solistas em que se estabelece um discurso melódico. Cada peça enfatiza o material derivado como uma transformação contínua.

Transformar é o meio maior pelo qual o compositor lançava mão, caracterizando-se até como um estilo descritivo na *Sequenza Ixa*. Dessa forma, Berio escrevia levando em conta os recursos próprios musicais: os campos harmônicos. Embora haja a transformação como técnica composicional por meio de repetições, essas repetições são singulares, com teor único. O objetivo, assim, é buscar uma expansão e/ou alteração fraseológica que favorece e muito o desenvolvimento da obra.

Como afirmou Berio:

> O título Sequenza refere-se simplesmente ao fato de que a peça é baseada em sequências de caracteres harmônicos e tipos de ações instrumentais; particularmente na Sequenza II para harpa solo e Sequenza

IV para piano, pode-se falar de [uma] polifonia de ações. Em geral, cada uma das Sequenze tem muitas passagens técnicas difíceis e exige muito trabalho e concentração. Com base em um conceito singular, cada um é diferente de o que se conhece em algumas peças tradicionais. Escrita inovadora, incomum, técnicas idiomáticas e artifícios timbrais fornecem um contexto desconhecido para um performer. Uma série de melismas pode ser tomada como base para a forma da Sequenza IXa, que é semelhante à do canto litúrgico. Cada melisma termina em uma nota ou pausa sobre a qual há uma fermata. Essas notas são análogas às terminações de uma única sílaba nas quais um melisma tradicional é cantado. As notas finais de todos os melismas na Sequenza IXa são mostradas na ordem em que ocorrem [a Tabela 4 descreve as seções principais e as características da peça]. A própria série de notas revela certas divisões da peça. O E, que é a nota final do melisma 1, retorna como nota final no final do décimo melisma, bem como no final do 28º melisma, que encerra a peça. O único melisma que termina em pausa ou silêncio, em vez de uma nota final, é o 13º. Isso implica uma estrutura de três partes que consiste na parte A (do primeiro ao décimo melisma); parte B (do 11º ao 28º melisma); e na parte C (do 14º ao 28º melisma). A parte B, que começa com o melisma 11 (depois da fermata na página 3, linha 5), mostra imediatamente a transformação da característica estilística da nota graciosa rápida em uma passagem de 32 notas ascendentes e descendentes, que então se tornam cromáticas na letra E, página 3, linha 9. A parte C começa após o único silêncio na peça anotado sob uma fermata. O 14º melisma, que segue esta fermata (página 8, linha 1, letra R), é introduzido com uma meia nota adicional de silêncio. Esta parte da peça é caracterizada por extrema instabilidade rítmica e a constante recorrência do Bb sustentado[6].

---

[6] Sanderson, p. 25.

Segundo Berio, todas as *Sequenza* para instrumentos solistas pretendem definir e desenvolver melodicamente um discurso essencialmente harmônico e sugerir, particularmente no caso dos instrumentos monódicos, um modo polifônico de escuta[7].

Sobre a *Sequenza I* para solo de flauta, ele comenta:

> As dimensões temporais, dinâmicas, tonais e morfológicas da peça são caracterizadas por níveis máximos, médios e mínimos de tensão. O nível de tensão máxima ... dentro da dimensão temporal é produzido por momentos de velocidade máxima na articulação e momentos de duração máxima dos sons. O nível médio é sempre estabelecido por uma distribuição neutra de notas bastante longas e articulações bastante rápidas, e os níveis mínimos implicam silêncio, ou uma tendência ao silêncio. A dimensão do tom está em seu nível máximo quando as notas saltam dentro de uma ampla gama e estabelecem os intervalos mais tensos, ou quando insistem em registros extremos: os níveis médio e mínimo seguem logicamente a partir disso. O nível máximo da dimensão dinâmica é naturalmente produzido por momentos de energia sonora máxima e contraste dinâmico máximo. O que chamo de dimensão morfológica é colocada, em alguns de seus aspectos, a serviço das outras três e é, por assim dizer, seu instrumento retórico. Procura definir graus de transformação acústica relativamente a um modelo herdado que neste caso é a flauta com todas as suas conotações históricas e acústicas. Assim, um nível de tensão máxima dentro da dimensão morfológica é obtido quando a imagem, minha imagem da flauta, é drasticamente alterada com vibração da língua, cliques nas teclas e paradas duplas (duas notas ao mesmo tempo)[8].

---

[7] *Ibid.*, 7.

[8] Sanderson, 8.

ANÁLISE

Quadro 4 – Berio - *Sequenza IXa para Clarineta Solo*, Forma

SEÇÃO	MELISMA	NOTA PEDAL	PÁGINA	LINHA	DURAÇÃO
A	1	E2	1	1	10"
	2	F2	1	3	8"
	3	G2	1	3	10"
	4	D3	1	4	8"
	5	G#3	1	5	8"
	6	D3	1	7	10"
	7	A3	1	8	10"
	8	D#3	2	2	7"
	9	D#3	2	4	10"
	10	E2	3	5	INDETERMINADO
B	11	Bb3	6	5	5"
	12	D3 (Eb Tr.)	7	3	6"
	13	FERMATA	7	8	INDETERMINADO

SEÇÃO	MELISMA	NOTA PEDAL	PÁGINA	LINHA	DURAÇÃO
C	14	A#4	8	1	7"
	15	A#4	8	2	8"
	16	A#4	8	4	5"
	17	A#4	8	6	10"
	18	A#4	8	8	6"
	19	Bb4	9	1	8"
	20	Bb4	10	6	5"
	21	Bb4	10	2	8"
	22	C4	10	3	5"
	23	Bb4	10	4	5"
	24	Bb4	10	4	7"
	25	Bb4	10	6	7"
	26	G2	10	8	4"
	27	Bb4	10	8	8"
	28	E2	10	8	12"

Fonte: SANDERSON, Roy Victor. *O uso do clarinete por Luciano Berio na Sequenza IXa. MILÍMETROS*. Los Angeles: Universidade do Sul da Califórnia, 1986.

Na *Sequenza IXa para clarineta*, as capacidades do instrumento são ampliadas, demonstrando outro parâmetro de sua técnica. Dispositivos, como *frulato, tremolandos*, glissandos, microtons e sons multifônicos, são usados nessa peça, que foi extraída de *Chemins V*, uma obra para clarineta e sistema digital. A primeira apresentação da *Sequenza IXa* ocorreu em Arrignon, em 1980[9].

---

[9] David Osmond-Smith, *BERIO* (Oxford: Oxford University Press, 1991), 140.

Sua estrutura consiste em fragmentos articulados rápidos, declarações de *legato* sustentadas, tons de pedal e intervalos dissonantes. Mudanças drásticas, na dinâmica e no andamento, são usadas com frequência. Sua abertura começa com dinâmica bem suave, pianíssimo, em que a clarineta toca um motivo melódico e rítmico, tendo o Mi como pedal. Esse motivo estará constantemente em variação (Exemplo 2.1).

Exemplo 2.1 – Berio - *Sequenza IXa para Clarineta Solo*, página I, linha 1, primeiro pedal

Fonte: BERIO, Luciano. *Sequenza IXa para clarineta solo.* Universal Edition, Milão, 1980.

No início da linha 2, página 1, *appoggiaturas* ascendentes são tocadas em rápida sucessão, sugerindo ainda o campo harmônico de Mi apresentado anteriormente. É importante mencionar que todas as notas da passagem da linha 1 são usadas nesse campo ascendente (Exemplo 2.2).

Exemplo 2.2 – Berio - *Sequenza IXa para Clarineta Solo*, página 1, linha 2, ornamentos ascendentes

Fonte: BERIO, Luciano. *Sequenza IXa para clarineta solo*, Universal Edition, Milão, 1980.

A música começa a se mover com mais fluência na linha 6, sobre a letra C. Não há fermatas, e pequenos motivos são constantemente usados em vez de frases longas. Alguns dispositivos são usados para alterar a afinação normal, como visto com os microtons e glissandos, na página 6, e os multifônicos, na página 5. Além disso, os acentos contribuem para essa sonoridade variável. Ainda na página 3, o intervalo das notas vai de Mi3 a Fá6.

As primeiras três notas das primeiras notas ornamentadas ascendentes tornam-se os três primeiros tons pedais: Mi, Fá e Sol. Esses tons pedais são usados em lugares diferentes: no final, no início ou no meio de uma linha. Além disso, outras notas ornamentais ascendentes semelhantes são usadas ao longo da peça. A próxima nota do pedal é o Fá3, precedida por notas ornamentadas ascendentes e diferindo da anterior por ter um *crescendo*, que culmina em uma marcação de *sforzando*, *forte* no Fá suspenso, seguido de um *decrescendo*. Algumas passagens são mais curtas que outras, mas pertencem a um campo harmônico específico. Isso é exemplificado na página I, linhas 4 a 7, em que a ordem das notas Ré, Sol#, Fá#, Ré, Lá, Ré#, Dó#, Sol, Dó, Lá e Sib é repetida, começando na primeira fermata (Exemplo 2.3).

Exemplo 2.3 – Berio - *Sequenza IXa para Clarineta Solo,* página I, linhas 4-7, repetição das ordens das notas

Fonte: BERIO, Luciano. *Sequenza IXa para clarineta solo.* Universal Edition, Milão,1980.

Embora haja um Ré3 suspenso na linha 4, ele não é classificado como pedal, pois não há campo harmônico para sustentá-lo, como na letra A, linha 4, na qual todas as notas pertencem a um campo harmônico específico, com um Sol#3 como um tom de pedal.

Outra característica dessa peça é a mudança no ritmo de uma sequência idêntica de notas quando repetidas. Após a letra A, as notas ordenadas Sol#, Fá#, Ré, Lá, Ré#, Dó#, Sol, Dó, Lá, Sib e Ré são repetidas com ritmo diferente. O mesmo vale para a próxima sequência D, A, D#, C#, G, C, A, Bb, D, G#, F#. O início da página 2 ainda é uma reminiscência do material apresentado na página 1, mas as duas primeiras linhas têm um D4# como pedal. Os microtons são obrigatórios na linha 3, página 2, que dão uma conotação especial à peça ao fornecer intervalos de tempo (Exemplo 2.4).

Exemplo 2.4 – Berio - *Sequenza IXa para Clarineta Solo*, página 2, linha 3, microtons

Fonte: BERIO, Luciano. *Sequenza IXa para clarineta solo*. Universal Edition, Milão, 1980.

Na página 3, linha 3, notas ornamentadas ascendentes sucessivas são tocadas, levando as notas ascendentes e descendentes em fusas, nas linhas 7 e 8, a serem executadas em *staccato* ao final de cada frase. Na letra E, há uma passagem cromática rápida, que é tocada por sete segundos, seguida de outra, por cinco segundos, mas apenas com *staccato* e em menor amplitude. Uma mudança gradual na textura foi estabelecida desde o início, e é ainda mais acentuada na página 3, em que o uso contínuo de notas ornamentadas ascendentes e descendentes, rápidas e em fusas, contrastam com as das páginas anteriores. A sensação de aumento do andamento atinge seu clímax na letra E. O motivo melódico e rítmico apresentado na letra C é usado como abertura da página 4, que é precedida por notas ornamentais ascendentes.

Outra característica estilística é a nota ornamentada em *staccato*, que é tocada pela primeira vez. O nível dinâmico é *fortíssimo*, mas a nota ornamental em *staccato* é em dinâmica piano. Isso é usado várias vezes, tanto para uma única nota ornamental quanto para duas. Uma figura de fusa se repete, geralmente com um crescendo, antes da letra F, página 4, linhas 2 e 3 (Exemplo 2.5).

Exemplo 2.5 – Berio - *Sequenza IXa* para Clarineta Solo, página 4, linhas 2-3, nota ornamental em *staccato*

Fonte: BERIO, Luciano. *Sequenza IXa para clarineta solo*. Universal Edition, Milão, 1980.

Uma das características dessa peça é a mudança de andamento. Passagens, como a abertura, em que o E3 é sustentado por dez segundos, na página 1, linha 1, são contrastadas com outras, como na página 3, em que há uma passagem rápida e nenhuma nota sustentada. Além disso, *accelerandos* e *rallentandos* são bem usados. As pausas também têm um papel importante nesse contexto, e tudo isso confere um caráter musical interessante à peça, nomeadamente à dimensão da forma e da estrutura.

Berio usa diversificadas fermatas importantes no desenvolvimento da peça e para alcance de grandes contrastes tanto na duração quanto no nível da dinâmica. As fermatas trazem sua própria individualidade e características. Por exemplo, o E3 na abertura, que é sustentado por dez segundos, tem uma dinâmica em *pianíssimo* e é precedido por um decrescendo com dinâmica *mezzo-forte* em tercinas. A próxima fermata, o F3 no início da linha 3, página 1, tem um *sforzando* acento com forte decrescendo na dinâmica. É precedido por *pianíssimo* crescendo, com notas ornamentadas ascendentes mantidas por oito segundos. São, portanto, bastante diferentes entre si. O intervalo varia de Mi3 a Ré4. Entre a linha 4, página 2 e a página 8, linha 1, não há fermata, com exceção de uma encontrada na página 3, linha 5. Essa fermata não tem indicação de tempo, como as outras, por isso é de duração muito mais curta. Em contraste com esse procedimento, há uma suspensão de meia pausa na página 7, última linha. Essa é a única pausa da peça, o que reforça o estilo composicional de Berio.

    Tremolos e trinados são indicados na página 5, linhas 6 e 7, respectivamente. O primeiro trêmulo tem um intervalo de semínima D-F# ascendente, com dinâmica *fortíssimo*, enquanto o segundo tem um intervalo de semínima Dó-Fá# descendente, com dinâmica decrescendo, que leva à outra passagem de microtom. Essa passagem de microtom é seguida por um trinado B-C e por outra passagem de microtom. É importante observar a relação entre notas na linha 7, em que são obtidos os intervalos mais próximos (Exemplo 2.6).

Exemplo 2.6 – Berio - *Sequenza IXa para Clarineta Solo*, página 5, linhas 6-7, relação de altura

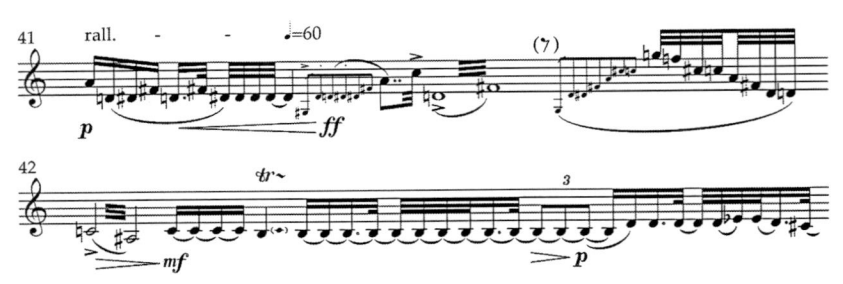

Fonte: BERIO, Luciano. *Sequenza IXa para clarineta solo*. Universal Edition, Milão,1980.

Na página 6, letra J, os multifônicos são usados pela primeira vez. Isso pode ser considerado como uma mudança de som especial. Berio já havia utilizado tais dispositivos na *Sequenza I* para Flauta Solo, dedicada a Severino Gazzeloni, que criou tais técnicas naquela época, assim como Heinz Holliger fez para a sequência de oboé.

Aspectos da performance e da pedagogia

Uma peça solo enriquece consideravelmente um programa ao permitir que o intérprete expresse aspectos técnicos e interpretativos, sem envolver outros músicos. Sequenza IXa é uma peça única, que exige do intérprete uma outra forma de pensar e tocar música. Como a peça é incomum, um plano de estudo muito cuidadoso carece ser desenvolvido para que o intérprete tenha sucesso. Os comentários sobre aspectos performáticos e pedagógicos de Khachaturian Trio (p. 18) também se aplicam a essa peça.

> Embora a abordagem de Berio envolva o intérprete no aprendizado de um novo sistema de notação, ela deve ser vista como uma tentativa de simplificar o papel do intérprete. Sua representação imprecisa admite as dificuldades de alcançar precisão absoluta na execução de grupos métricos rápidos e complexos e, portanto, é uma solução prática, embora abusada, para os problemas rítmicos que devem ter confrontado Berio ao preparar uma peça virtuosística[10].

Em primeiro lugar, deve-se estar atento ao *frulato* e glissandos, dispositivos que requerem muita atenção. O *frulato* pode ser tocado pronunciando a sílaba "ra", que faz a língua se mover muito rápido. A língua não toca nenhum dente, apenas o palato. Devido ao movimento muito rápido da língua, o ar é de alguma forma sacudido, resultando em um som áspero e trêmulo. Para o *glissando*, o executante deve enfraquecer o lábio inferior e levantar os dedos lentamente. A dinâmica e os motivos rítmicos são totalmente explorados. Suas

---

10   *Shultz*, 65.

combinações específicas e o contexto em que se encontram devem ser observados de perto. Além disso, o andamento muda com frequência, o que contribui para o caráter da peça.

Não há linhas de compasso, mas uma determinada pulsação deve ser mantida por toda parte. Fermatas longas, passagens rápidas e pausas também rápidas, com as outras características mencionadas anteriormente, têm função fundamental, e o executante também deve estar atento a elas, já que o conhecimento delas e o rigor na sua execução são essenciais para uma boa preparação da peça.

Há uma pausa de colcheia logo no início, então não se deve enfatizar as duas primeiras notas, mas sim o B3 seguinte, a terceira nota. Isso dará uma perspectiva de silêncio, marcada pela oitava pausa. O *pianíssimo*, que é tocado no início da página 1, linha I, deve ser repetido no final dessa linha com a mesma intensidade no E3 sustentado.

As notas ornamentadas ascendentes no início da linha 2, página 1, precisam ser tocadas o mais rápido possível, pois há uma barra cruzando a primeira nota do grupo que caracteriza tal atitude interpretativa. Além disso, pede-se prestar muita atenção ao decrescendo, do *mezzo-forte ao pianíssimo*, que precisa ser notado.

Outra execução semelhante é encontrada no final da mesma linha, mas não deve ser executada como rápida devido à sua marcação de andamento específica, de valor de colcheia. Muitos outros percursos semelhantes são usados ao longo da peça, e suas diferenças devem ser projetadas (Exemplo 2.7).

Exemplo 2.7 – Berio - *Sequenza IXa para Clarineta Solo*, página 1, linha 2, notas ornamentais divergentes

Fonte: BERIO, Luciano. *Sequenza IXa para clarineta solo*. Universal Edition, Milão, 1980.

O intérprete precisa tocar as fermatas de acordo com as indicações de tempo fornecidas para cada uma, com exceção de uma, encontrada na página 3, linha 5. Por exemplo, a primeira fermata na página 1, linha 1, precisa ser mantida por dez segundos, conforme indicado na partitura. Deve-se observar a indicação: semínima igual a 60, para ajudar a seguir tal regra. Os acentos do *sforzando* estão entre as características muito importantes para o caráter da peça, e o executante deve observá-los cuidadosamente. O primeiro acento de *sforzando* é tocado no F3, página 1, linha 3. Ele é precedido por notas ornamentadas de pianíssimo ascendentes e seguido por um crescendo. Essas notas ornamentais precisam ser tocadas com o valor de uma colcheia. O seguinte decrescendo para um *pianíssimo*, no qual outro motivo rítmico é apresentado, deve ser executado observando a fermata de oito segundos indicada.

A marcação *ma sempre un poco instabile*, logo no início da peça, permite ao clarinetista executar a música com considerável liberdade de andamento. Isso é exemplificado na letra A, página 1, linhas 4 a 6, em que às vezes há uma tendência em apressar a passagem.

Na página 2, linha 3, pede-se ao clarinetista que toque passagens de microtom. O compositor inclui um dedilhado sugerido, e o executante precisa tocar tais dispositivos de acordo com o ritmo requerido (Exemplo 2.8).

Exemplo 2.8 – Berio - *Sequenza IXa para Clarineta Solo*, página 2, linha 3, passagem de microtom

Fonte: BERIO, Luciano. *Sequenza IXa para clarineta solo*. Universal Edition, Milão,1980.

Na linha 6, ainda na página 1, há outra passagem, na qual o intérprete pode avançar. Sucessivos motivos rítmicos melódicos curtos são combinados com muitas articulações, diferentes dinâmicas, acentos e glissandos. Então, deve-se praticá-lo primeiro com um tempo lento, observando apenas o ritmo. Uma a uma, todas as marcações precisam ser adicionadas, possibilitando a obtenção de todos os detalhes. O Mi3, na página 3, linha 5, não precisa ser muito prolongado. Na verdade, podemos pensar em dois ou três segundos, como de costume.

A passagem a seguir é uma das mais difíceis. Fusas ascendentes e descendentes, precedidas por notas ornamentais, estão associadas a notas em *staccato* e com acentos também. O *performer* deve estar ciente de todas essas marcações. A fusa Si3, a sétima nota na linha 5, precisa ser tocada com o dedilhado bifurcado. Isso ajuda o músico a tocar suavemente naquele grupo de notas em específico (Exemplo 2.9).

Exemplo 2.9 – Berio - *Sequenza IXa para Clarineta Solo*, página 3, linha 5, Passagem bifurcada do dedilhado

Fonte: BERIO, Luciano. *Sequenza IXa para clarineta solo*. Universal Edition, Milão,1980.

Na letra E, linha 9, uma passagem cromática repetida em *pianíssimo* deve ser tocada o mais rápido possível por 10 segundos, com um *rallentando* começando no sétimo segundo. Segue-se outra passagem cromática, com uma extensão menor que a anterior e em *staccato* (Exemplo 2.2.1).

Exemplo 2.2.1 – Berio - *Sequenza IX.a para Clarineta Solo*, Página 3, linha 9, Passagem cromática

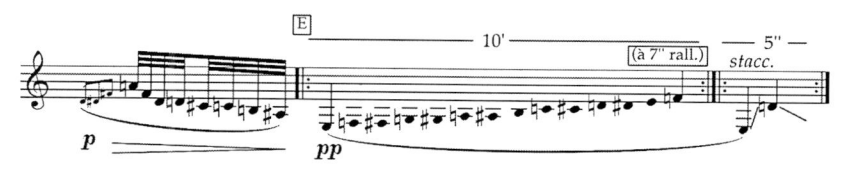

Fonte: BERIO, Luciano. *Sequenza IXa para clarineta solo*. Universal Edition, Milão,1980.

A página 4 é caracterizada por outro recurso: grupos de notas em fusas repetidas seguidos por uma nota ornamental ou outra nota comum. O grupo tem a mesma nota e é combinado com diferentes dinâmicas e duração (Exemplo 2.2.2).

Exemplo 2.2.2 – Berio - *Sequenza IXa para Clarineta Solo*, página 4, linhas 2-3, grupos de notas de semicolcheias

Fonte: BERIO, Luciano. *Sequenza IXa para clarineta solo*. Universal Edition, Milão,1980.

Na página 5, linha 2, deve-se tocar as notas ornamentadas bem rápido, com dinâmica em *piano* e certificar-se de tocar o acento no E6, com um *decrescendo* para um *pianíssimo*. Essa seção tem muitos acentos, e o intérprete deve estar ciente deles. Além disso, *tremolos* e microtons são apresentados, é importante tocá-los de acordo com o ritmo determinado. Na letra I, observar o *accelerando*, não esquecendo as articulações, tão importantes para essa passagem. Na linha 4, pede-se para tocar multifônicos. O compositor incluiu um dedilhado sugerido, mas eles podem ser executados apenas nas clarinetas que possuem a nota Mib grave. Para resolver esse problema, caso não se tenha tal clarineta, é possível cantar uma das notas ou inserir um papel na campana do instrumento para que este Mib grave seja possível (Exemplo 2.2.3).

Exemplo 2.2.3 – Berio - *Sequenza IXa para Clarineta Solo*, Página 6, linhas 4-5, Multifônicos

Fonte: BERIO, Luciano. *Sequenza IXa para clarineta solo*. Universal Edition, Milão,1980.

CAPÍTULO 5

SONATA Nº 2 EM MIB MAIOR PARA CLARINETA E PIANO, OPUS 120

As duas sonatas para clarineta estão entre as últimas obras de Brahms.

As Sonatas para Clarineta, aliás, não foram as últimas criações a sair da pena do aposentado Brahms; ele se deu de presente as Quatro Canções Sérias em seu aniversário, e alguns meses depois, abalado pela morte de Clara Schumann, renunciou a elas por conta própria e completou um conjunto de Prelúdios Corais. O último deles é apropriadamente definido com as palavras O Welt ich muss Dich lassen[11].

As sonatas para clarineta de Brahms, Opus 120, foram compostas no verão de 1894, em Ischl, e dedicadas a Richard Mühlfeld, distinto e renomado clarinetista da Orquestra de Meiningen, cujo modo de tocar inspirou muito o compositor. Na verdade, Brahms havia decidido não compor mais, mas sua admiração pela performance de Mühlfeld foi tanta que ele compôs não apenas as duas sonatas para clarineta, mas também um trio para piano, clarineta e violoncelo, opus 114, e um quinteto para clarineta e quarteto de cordas, opus 115.

As duas sonatas foram tocadas por Mühlfeld e o compositor, em 19 de setembro daquele ano, na casa da irmã do duque de Meiningen em Ber-

---

[11] Goldsmith, Harris, Gravação de notas em slipcase para as Sonatas para Clarineta de Brahms, interpretadas por Harold Wright, clarinete; Harris Goldsmith, piano (Epic Records, ND).

chtesgaden. A primeira apresentação pública das sonatas ocorreu em dois concertos do Rose Quartet, em Viena, em 8 e 11 de janeiro de 1895[12].

Tendo observado a execução de Mühlfeld e discutido sobre a clarineta com o artista, Brahms explorou muitas das possibilidades que o instrumento oferecia à época, especialmente as variedades de timbre — escuro e profundo no registro grave, brilhante e aberto no registro superior — como também o potencial para se misturar com outros instrumentos, todos os quais ofereceram ao compositor consideráveis possibilidades convidativas.

Entre as diversas marcações expressivas da peça, como *sotto voce, tranquillo* e *ben cantando*, além das comuns, como *f, mp* e *crescendo*, a dinâmica expressiva é um aspecto fundamental e importante, principalmente no que diz respeito à interpretação. Brahms indicou muitas marcações de dinâmicas, não só para explorar as possibilidades oferecidas por ambos os instrumentos (clarineta e piano), como também para ajudar a mesclar seus timbres. O clima dessa peça às vezes sugere ternura e uma espécie de doce êxtase, e outras vezes sugere uma tendência à tristeza.

ANÁLISE

Allegro Amabile

Esse primeiro movimento é escrito em forma de sonata. O Quadro 5 descreve as principais seções.

---

[12] William Murdoch, Brahms (New York: Sears Publishing Company, Inc., 1933), 372.

Quadro 5 – Brahms - *Sonata nº 2 em Mib maior para Clarineta e Piano,* mvt.1, Forma

SEÇÃO	TEMA	COMPASSO	TONALIDADE
Exposição	1º Tema	1-10	Eb
	Ponte	11-21	Eb, F menor,..., Gb
	2º grupo 1	22-39	Bb
	2º grupo 2	40-47	
	Trans. I extensão	48-51	
Desenvolvimento	1º Tema	52-64	Bb
	2º grupo 1	65-72	Gminor
	1º tema motivo	73-98	D
	Transição	99-102	Bb
Recapitulação	1º Tema	103-112	Eb
	Ponte	113-119	Ab
	2º Tema	120-137	Cb - Eb (mm.126)
	2º Tema grupo	138-149	
	Coda	150-173	

Fonte: Tabela criada pelos autores

Seus belos temas, introduzidos pela clarineta, sugerem vários aspectos do material que está por vir (Exemplo 3.1).

Exemplo 3.1 – Brahms - *Sonata n° 2 em Mib maior para Clarineta e Piano*, mvt. I, 1° grupo temático, c. 1-11

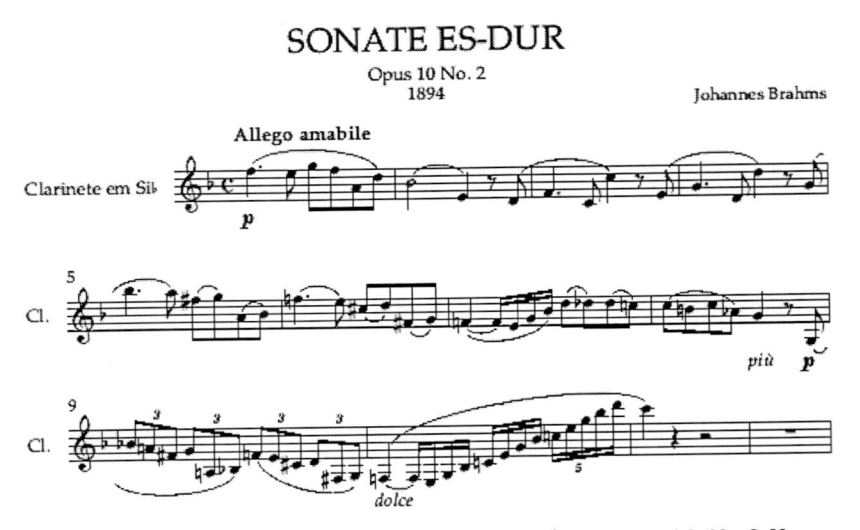

Fonte: Brahms, Johannes. *Sonata para Clarineta e Piano, Opus 120, No. 2*, Urtext Edition, Viena, 1973.

É importante notar que os motivos rítmicos que aparecem ao longo do primeiro movimento são introduzidos logo no início da exposição como parte do primeiro tema, que é enunciado no compasso 1, e as três semínimas no piano tornam-se elementos proeminentes que se desenvolvem ao longo da peça. Além disso, há muito uso de ritmo sincopado e uma ponte entre o primeiro e o segundo temas, começando no compasso 1, em que são apresentadas mudanças fundamentais. Começa no tom de Mi bemol maior, move-se para Sol maior e depois para Si bemol maior no segundo tema, que começa no tempo forte do compasso 22, tocado pela clarineta na tonalidade de Si bemol maior. O piano segue com um cânone, no segundo tempo, uma quinta abaixo (Exemplo 3.2).

Exemplo 3.2 – Brahms - *Sonata nº 2 em Eb maior para Clarineta e Piano*, mvt. I, 2º grupo temático, c. 22-38

Fonte: Brahms, Johannes. *Sonata para Clarineta e Piano, Opus 120, No. 2*, Urtext Edition, Viena,1973.

Antes da seção do desenvolvimento, há uma passagem classificada como o segundo tema do grupo 2, que dura oito compassos e é seguida por uma transição de quatro compassos. Na seção de desenvolvimento, a partir do compasso 52, o motivo do primeiro tema é reafirmado pela clarineta, com o piano tocando arpejos na dominante.

O segundo tema, começando no compasso 65, é introduzido, pela primeira vez, pelo piano na tonalidade de Sol menor, com a clarineta tocando Mi3 sucessivos (Ré3s de concerto). Na segunda parte do tema, compasso 69, a clarineta repete a melodia com o piano a ecoá-la como um cânone, a partir do segundo tempo, em Sol maior. No compasso 73, o motivo do primeiro tema, retirado da introdução, começa no piano, enquanto a clarineta toca colcheias e tercinas. A retransição, que começa no compasso 99, tem principalmente semínimas e leva à recapitulação.

Iniciada no compasso 103, a recapitulação segue quase o mesmo plano da exposição, diferindo desta por progredir por várias tonalidades diferentes e ter uma coda. Essas são encontradas na ponte (Ab maior) e no segundo grupo temático (Cb maior). A coda usa o motivo da exposição, tocada meio tom acima na clarineta.

Allegro Appassionato

Esse movimento, em ABA, mais precisamente um ternário composto, é essencialmente um *scherzo*, com trio, e está na tonalidade de Mi bemol menor. O Quadro 6 descreve as seções principais.

Começa com o primeiro tema sendo tocado pela clarineta, logo seguida pelo piano repetindo o mesmo tema, mas estendendo-o e enfeitando-o com sua própria resposta (Exemplo 3.3).

Exemplo 3.3 – Brahms - *Sonata nº 2 em Eb maior para Clarineta e Piano*, mvt. II, 1º Tema, c. 1-8

Fonte: Brahms, Johannes. *Sonata para Clarineta e Piano, Opus 120, No. 2*, Urtext Edition, Viena,1973.

Em seguida, o tema principal é novamente apresentado, sem nenhuma repetição, mas com uma frase final que conduz ao A', dominado por colcheias, agora marcadas *p*, na tonalidade principal (Mib), seguidas de uma coda. A coda inclui uma escala descendente com dinâmica *dolce* e um diminuendo e é ampliada por aumento, composta principalmente por semínimas em que a linha melódica se assemelha um pouco à do primeiro tema desta seção. Sua finalização, no compasso 77-80, em que a clarineta toca uma mínima pontuada no registro grave, tem uma cadência plagal. A última nota dessa coda, Mib, torna-se a primeira nota do próximo tema do desenvolvimento, o Ré# enarmônico, e é marcada como *sostenuto* (Exemplo 3.4).

Exemplo 3.4 – Brahms, *Sonata nº 2 em Eb maior para Clarineta e Piano*, mvt. II, tema e coda, c. 140 - 149

Fonte: Brahms, Johannes. *Sonata para Clarineta e Piano, Opus 120, No. 2*, Urtext Edition, Viena,1973.

No *sostenuto*, parte B, o piano apresenta o terceiro tema, contrastando com as seções anteriores em que o tema era introduzido pela clarineta. A clarineta repete com um final ligeiramente diferente. Essa seção é uma forma ternária simples, no tom de Si maior, VI do tom original, seguida por uma passagem com uma ponte que leva ao quarto tema, agora no tom de Sol sustenido maior, depois para Fá sustenido maior. Uma preparação é definida para retornar à seção A', no Tempo I, marcado *ben legato sempre*, com o piano mudando para a tonalidade de Si bemol maior, meio tom abaixo. O A' difere da parte A, tendo um tema estendido e uma coda também estendida.

Andante con moto

O último movimento é um tema e uma forma de variação que está no tom de Mi bemol maior e tem quatro variações mais o *allegro* final, que pode ser considerado uma quinta variação.

Cada variação segue o tema dado em número de compassos, 14, e se caracteriza por ter duas partes. A disposição interna das variações proporciona belos contrastes, elevando-se a um acabamento brilhante. Além disso, cada variação traz sua própria individualidade, com melodias encantadoras e bonitas, também lembrando fielmente o tema principal.

As variações foram escritas de forma a transmitir uma sensação de construção através do andamento e da textura, levando ao *allegro*. Isso é exemplificado por colcheias e semínimas na primeira variação, especialmente no piano, e notas em fusas em ambos os instrumentos na quarta variação, que está no tom de Mi bemol menor. A tonalidade principal, Eb maior, retorna no compasso 98, marcado *più tranquillo*, encerrando a peça.

Brahms alterna os temas entre a clarineta e o piano, explorando ainda mais suas possibilidades contrastantes. O tema inicial é apresentado pela clarineta e repetido pelo piano, que toca apenas a primeira parte, enquanto a parte final é tocada pela clarineta com acompanhamento do piano (Exemplo 3.5).

A segunda variação é basicamente a mesma do tema de abertura, mas os oito compassos da frase da clarineta são repetidos pelo piano com ligeira mudança de ritmos, agora sincopados. A variação seguinte, que começa no compasso 28, é mais fluida, com a clarineta mantendo as características do tema de abertura e o piano apresentando tercinas em fusas, que são repetidas em inversão pela clarineta, quando o piano toca o tema no compasso 33. A segunda parte dessa variação, que começa no compasso 37 tendo duas notas anacrústicas, tem um movimento contrário ao do piano, enquanto a clarineta toca uma linha semelhante à anterior, uma oitava acima, e com algumas outras mudanças. No compasso 42, a terceira variação começa. A textura é muito mais complexa e rica, estabelecendo um chamado e resposta entre os dois instrumentos.

O alcance das notas é muito grande, indo do Mib2 ao Mi5. Acordes sucessivos curtos, como diminutos no início, são tocados no piano, intercalados com pausas. As frases são muito mais curtas, mas conectadas umas às outras. Uma variação muito diferente e inesperada é apresentada após essa variação. A textura é mais parecida com a abertura desse movimento, principalmente com colcheias e semínimas. Embora esteja no tom de Mib maior, começa com uma sétima da dominante, Sib, na primeira inversão. Novamente o ritmo sincopado é bem usado. O *allegro* lembra o tema principal tanto na duração quanto no estilo, embora o tempo e a notação sejam muito acentuados. As fusas são usadas para representar cada nota do tema. A tonalidade é Mib menor, e há uma passagem de quatro compassos como uma extensão, de 94 a 97, que leva ao *più tranquillo* na tonalidade de Mib maior. A coda desenvolve-se por meio de uma série de frases bastante *rubato* para um final muito emocionante da peça.

Exemplo 3.5 – Brahms - *Sonata nº 2 em Eb maior para Clarineta e Piano*, mvt. III, 1º tema, c. 1-14

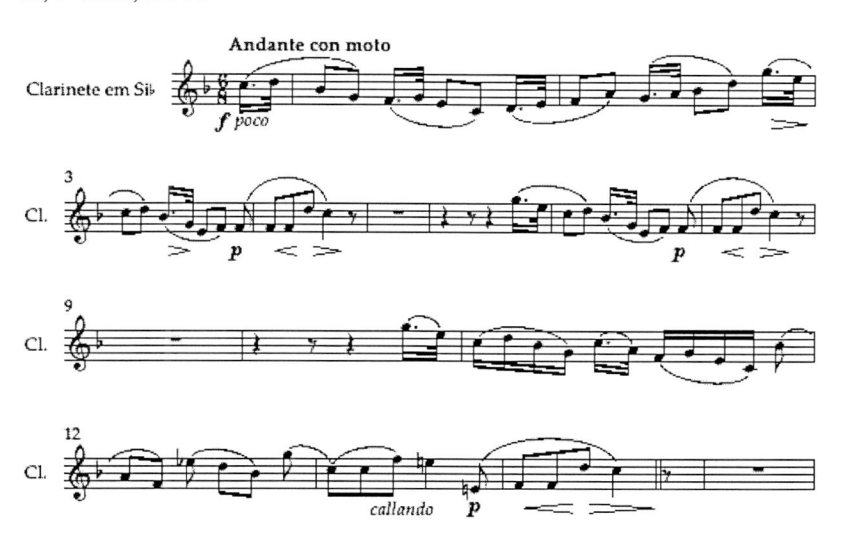

Fonte: Brahms, Johannes. *Sonata para Clarineta e Piano, Opus 120, No. 2*, Urtext Edition, Viena,1973.

Aspectos da performance e da pedagogia

Das três peças apresentadas neste trabalho, a de Brahms é a mais conhecida e tocada com mais frequência. Seu estilo romântico exalta a música maravilhosa do Romantismo, e suas melodias, acordes e expressividade enobrecem a obra. O intérprete deve ser conhecedor do estilo, compreendendo particularmente o compositor, a peça e o período.

A análise da peça fornece ao intérprete muitas informações sobre sua estrutura e forma, dando algumas ideias e expectativas para tornar a performance o mais "brahmsiana" possível.

Em primeiro lugar, é premente pensar em frases, e não em motivos durante a execução da peça. Frases claras e bem articuladas ajudam o intérprete a alcançar a interpretação desejada. Assim, tocá-la de forma muito expressiva e *dolce* seria uma iniciativa desejável.

Ao longo da peça, ambos os músicos precisam estar sempre atentos às marcas de dinâmicas, pois elas têm uma função muito importante na peça, reforçando seu caráter. No compasso 10, o clarinetista toca a passagem de execução o mais suavemente possível e sem pressa. O pianista traz o *sforzando* no compasso 18, terceiro tempo. Deve-se ouvir um contraste de dinâmica entre a ponte e o segundo grupo temático, dos compassos 18 a 22.

No compasso 35, o clarinetista começa a tocar uma linha melódica com um *crescendo*, que será continuada pelo pianista, culminando em uma dinâmica *forte* e acentos muito fortes. No compasso seguinte, 40, temos um *forte-piano* que precisa ser tocado pelo pianista, observando o crescendo e decrescendo. O compasso 102 pode ser retardado, mas apenas ligeiramente, o que ajuda a anunciar a recapitulação.

O clarinetista deve indicar o uso das colcheias no compasso 157 normalmente com a cabeça. Além disso, o Solb no mesmo compasso pode ser tocado usando o dedilhado de forquilha. O tempo em *tranquilo*, compasso 162, é muito mais lento, e os músicos precisam estar cientes disso. Tocar o diminuendo gradualmente, que é escrito alguns compassos antes do *tranquilllo*, ajuda na transição, assim como a *molto dolce sempre*. No *tranquillo*, tercinas de colcheias são tocadas na clarineta e precisam ser executadas com muita delicadeza, tentando obter um *staccato* suave. Para finalizar esse movimento, o clarinetista pode direcionar os dois últimos compassos, embora ambos os músicos tenham o mesmo ritmo.

O nível dinâmico do *allegro appassionato*, particularmente nas seções A e A', é muito mais alto que o do movimento anterior, e um contraste no andamento e no caráter também é estabelecido. Os artistas devem estar bem cientes disso. Por causa do *allegro* em 3/4, pode-se pensar em tocar em 1, o que ajudará o intérprete a executar expressivamente. As diferentes articulações nos motivos rítmicos melódicos devem ser rigorosamente respeitadas. Além disso, o ritmo deslocado e a armadura de clave bemol tornam esse movimento muito interessante, exigindo muita atenção dos músicos. No compasso 28, os dois executantes precisam trazer o *piano-forte* para fora, tocando-o ao mesmo tempo. O clarinetista indica a anacruse que precede esse *piano-forte*, ajudando o conjunto. Isso também é verdade para a próxima passagem, no compasso 32 (Exemplo 3.6).

Exemplo 3.6 – Brahms - *Sonata nº 2 em Eb maior para Clarineta e Piano*, Forte-piano, mvt. II, c. 28

Fonte: Brahms, Johannes. *Sonata para Clarineta e Piano, Opus 120, No. 2*, Urtext Edition, Viena,1973.

O clarinetista e o pianista precisam estar cientes de suas frases semelhantes, começando no compasso 55. O *più dolce* tem um fator importante no caráter dessa passagem tão maravilhosa de tocar. Os músicos precisam executar não apenas esse *più dolce*, mas também o crescendo, que culmina em um *piano-forte* no compasso 59. Do compasso 60 ao 63, há uma marcação decrescente para cada compasso, mas com um crescendo gradual para toda a passagem. Embora devam realizar o decrescendo em cada compasso, o nível dinâmico deve aumentar até que o *forte* seja alcançado no compasso 63. A parte B, o *sostenuto*, no compasso 81, é tocada em um andamento mais lento.

No início do compasso 133, o pianista é responsável por desacelerar o andamento no final dessa seção, fazendo uma preparação para a próxima seção, A'. Além disso, ele precisa retornar ao mesmo personagem anterior da seção A, tocando os compassos 139 e 140 mais a retomada da semínima no compasso 138, de maneira decisiva (Exemplo 3.7).

Exemplo 3.7 – Brahms - *Sonata nº 2 em Eb maior para Clarineta e Piano*, Preparação para a seção A', mvt. II, c. 139-145

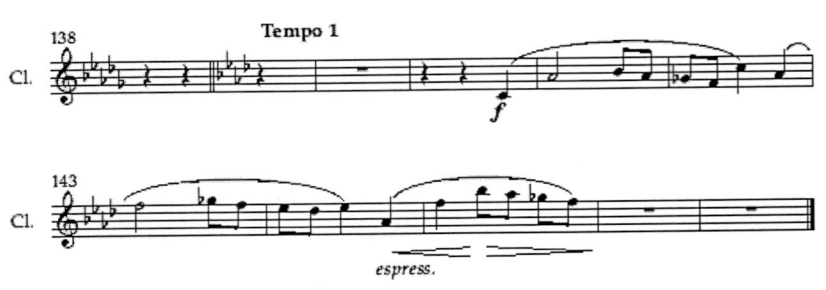

Fonte: Brahms, Johannes. *Sonata para Clarineta e Piano, Opus 120, No. 2*, Urtext Edition, Viena,1973.

O último movimento, o *andante con moto*, com variações, é muito agradável de tocar. A esplêndida técnica composicional do compositor é demonstrada ao longo, em que timbre, belas melodias, ampla gama e dinâmicas muito contrastantes são totalmente explorados entre os dois instrumentos. Os músicos devem estar atentos a isso e precisam discutir esses elementos para um melhor entendimento. Embora a métrica seja 6/8, pode-se pensar em 2 ou 6, o que dá uma melhor compreensão e precisão, facilitando a execução.

A transição para a primeira variação deve ser bem-preparada, realizando efetivamente o *calando*, que se encontra nos compassos 13 e 14. De fato, esse procedimento deve ser utilizado para as variações seguintes, para estabelecer a mudança de caráter, que é tão importante para dar uma transição eficaz entre cada seção ou variação. No compasso 33, o clarinetista precisa ouvir o pianista com muita atenção, pois ele apresenta a melodia, e o clarinetista embeleza a melodia do piano com semicolcheias, cujo primeiro sinal é uma pausa de fusa. Além disso, essa passagem deve ser tocada de forma muito elegante e suave (Exemplo 3.8).

Exemplo 3.8 – Brahms - *Sonata nº 2 em Mib maior para Clarineta e Piano*, floreios, mvt. III, c. 33-35

Fonte: Brahms, Johannes. *Sonata para Clarineta e Piano, Opus 120, No. 2*, Urtext Edition, Viena, 1973.

A próxima variação, que começa no compasso 42, requer muita atenção e precisão rítmica dos executantes. Notas curtas em fusas são apresentadas em ambos os instrumentos, como pergunta e resposta. Assim que um termina a linha, que é resolvida em colcheia, o outro continua o motivo sobrepondo-se na colcheia. Além disso, o *grazioso* tem uma função importante no caráter dessa variação em particular (Exemplo 3.9).

Exemplo 3.9 – Brahms - *Sonata nº 2 em Mib Maior para Clarineta e Piano, grazioso*, mvt. III, c. 43

Fonte: Brahms, Johannes. *Sonata para Clarineta e Piano, Opus 120, No. 2*, Urtext Edition, Viena,1973.

O Mi6, no compasso 54 dessa passagem descendente, pode ser tocado usando todos os três dedos da mão esquerda e abrindo a chave G#. Isso torna a resposta fácil e suave. A seção *allegro*, no compasso 70, tem um andamento muito rápido, começando no segundo tempo, em que o tema principal é apresentado em fusas. Por isso, o clarinetista deve seguir a frase do piano com muito cuidado, visando ao Duo, e diferenciar as articulações na frase, que começa no compasso 78, sendo resoluta e observando o crescendo. As notas iniciais do compasso 136, que anunciam o final da peça, devem ser tocadas de forma muito decisiva e forte. O clarinetista deve dar a entrada dos últimos três compassos, observando o *staccato*.

CONCLUSÃO

De geração em geração, os músicos têm feito um esforço genuíno para contribuir e expandir o vocabulário de uma linguagem musicalmente criativa. Novas técnicas para instrumentos de sopro constituem uma parte importante desse processo. Como resultado, as técnicas estendidas tiveram uma influência abrangente, ampliando o processo de compreender e fazer música.

Essas técnicas levam o intérprete a novas realizações na produção musical e permitem a criação de novos timbres e nuances na música, o que favorece o crescimento e o enriquecimento da performance, bem como da criatividade interpretativa, bem como fornece as ferramentas para a realização de obras escritas por novos experimentalistas.

Ao concluir nossa análise do *Trio para Clarineta, Violino e Piano*, de Khachaturian; da *Sequenza*, de Berio; e da *Sonata Nº 2 em Eb maior*, de Brahms, emergimos com uma compreensão mais profunda da clarineta e de seu papel multifacetado na música de câmara. Cada uma dessas obras, com suas nuances e características únicas, revela não apenas as virtudes do instrumento, mas também a capacidade da música de transcender épocas e estilos, conectando emoções e histórias de maneira poderosa.

O *Trio*, de Khachaturian, com sua vibrante energia e influências folclóricas, é um testemunho da habilidade do compositor em unir vozes distintas em um diálogo musical coeso. A clarineta, com seu timbre quente e expressivo, brilha em momentos de destaque, criando uma interdependência rica com o violino e o piano. Essa obra encapsula a ideia de que a música de câmara é, acima de tudo, uma conversa entre amigos, na qual cada instrumento contribui com sua identidade única, formando uma tapeçaria sonora vibrante e emotiva.

Em um contraste radical, a *Sequenza*, de Berio, representa uma exploração ousada das possibilidades da clarineta como instrumento solo. Por meio de técnicas estendidas e uma abordagem experimental, Berio transforma a clarineta em um veículo de expressão íntima e visceral. Cada gesto e nuance são cuidadosamente elaborados, desafiando o intérprete a explorar os limites da sonoridade e expressar a complexidade da experiência humana. Essa obra convida-nos a repensar o ato de ouvir, propondo que a música não é apenas uma sequência de notas, mas uma forma de comunicação profunda e pessoal.

Por fim, a *Sonata nº 2*, de Brahms, traz um frescor romântico e uma elegância atemporal. As melodias ricas e os diálogos intrincados entre a clarineta e o piano evocam um sentido de nostalgia e profundidade emocional. Brahms, com sua maestria em manipular formas e harmonias, cria um espaço no qual a clarineta pode se destacar, oferecendo momentos de sublime beleza e reflexão. A sonoridade quente e envolvente da clarineta aqui ressoa com a essência do romantismo, estabelecendo uma conexão emocional duradoura com o ouvinte.

Essas três obras, em sua diversidade, não só celebram a clarineta, mas também refletem a evolução da música de câmara ao longo do tempo. Elas demonstram como o instrumento pode ser um meio de conexão entre diferentes épocas, estilos e emoções, transcender barreiras e unir pessoas por meio da experiência compartilhada da música.

Assim, ao encerrarmos este estudo, somos lembrados da riqueza e da complexidade que a clarineta traz à música de câmara. É uma jornada que nos instiga a explorar, ouvir e sentir de maneira mais profunda, reafirmando que, em sua essência, a música é uma forma de linguagem universal. Cada nota tocada e cada silêncio respeitado ressoam em nosso coração, reafirmando a importância da clarineta como um instrumento capaz de transmitir a beleza da experiência humana em toda sua diversidade.

REFERÊNCIAS

JEVANS, Edwin. *Música de Câmara e Orquestra de Johannes Brahms*. Londres: William Reeves Bookseller Ltd, 1933.

GEIRINGER, Karl. *Brahms*: sua vida e obra. 2. rd. revista e ampliada. Londres: George Allen and Unwin Ltd, 1948.

MACDONALD, Malcolm. *Brahms*. 1. ed. Nova York: Schirmer Books, 1990.

NIEMANN, Walter. *Brahms*. Nova York: Tudor Publishing Company, 1937.

OSMOND-SMITH, David. *Berio*. Nova York: Oxford University Press, 1991.

SCHULTZ, Andrew N. *Sequenze I-VIII de Luciano Berio*: Ideia Composicional e Ação Musical. Brisbane, Austrália: Universidade de Queensland, 1986.

SHNEERSON, Grigory. *Aram Khachaturyan*. Moscou: Editora de Línguas Estrangeiras, 1959.

SANDERSON, Roy Victor. *O uso do clarinete por Luciano Berio na Sequenza /Xa. MILÍMETROS*. Los Angeles: Universidade do Sul da Califórnia, 1986.

TURABIAN, Kate L. *Um manual para escritores de monografias, teses e dissertações*. 6. ed. Chicago: The University of Chicago Press, 1984.

YUZEFOVICH, Victor. *Aram Khachaturyan*. Tradução de Nicholas Kournokoff e Valdimir Bobrov. Nova York: Sphinx Press, Inc., 1985.

EDIÇÕES MUSICAIS

KHACHATURIAN, Aram. *Trio para Clarineta, Violino e Piano*. New York: International Music Company, 1948.

BRAHMS, Johannes. *Sonata Nº 2 em Eb maior para Clarineta e Piano, Opus 120. S. l.*: Wiener Urtext Edition, 1973.

BERIO, Luciano. *Sequenza IXa para Clarinet Solo*. Milano: Universal Edition, 1980.